コロナと蕎麦屋と若女将

田村夏恵
TAMURA Natsue

論創社

はじめに

　コロナは私たちの日常を一変させました。

　うちは蕎麦屋。両親が修行を経て、1989年に「そば処　初台丸屋」
をオープンさせました。

　現在は長女である私が若女将となり、両親と妹、そしてオープン当
初から働いている二人のパートさんと店を切り盛りしております。経
営は順調でした。それがコロナによって180度変わったのです。

「会社から飲み会禁止令が出た」という理由で、先まで埋まっていた
ご予約が全てキャンセルになりました。以来、毎晩閑古鳥が鳴き続け
たのです。テレワークのお客様が増えたので、ランチ営業も静かにな
りました。外にお客様が並んでいた時代が遠い昔のようです。テイク
アウトを始めても、給付金をもらっても、にっちもさっちもいきませ
ん。減り続ける店の預金残高と睨めっこする日々……。しかし私は案
外のほほんと過ごしていました。自分の営業努力がいたらないせいで
お客様が減っているのであれば落ち込みますが、悪いのはコロナ。落
ち込んだって仕方ありません。なるようになるさ、ダメになったらそ
のとき考えよう。そう思って過ごしていました。

　そのうち、「会食がダメなら一人で飲む」とご常連さんが言い出し
て、夜は一人飲み蕎麦屋になりました。やがて一人飲み同士の交流が
始まり、「会社のメンバー以外だから問題ない」ということで、丸屋
会と称する飲み会が密やかに開かれるようになったのです。私がブロ
グでお客様のことを赤裸々に書くので、「丸屋ブログで○○と呼ばれ

てます」という自己紹介だけで、「ああ、丸屋さんで呑んで中央線に乗り、目覚めたら大月にいた方ですね!」といった具合に会話が弾みます。個人情報を保護しないという丸屋ブログの方針が功を成しました。

　ブログは、まだ私が包丁も持てず蕎麦も打てない頃に「私にできることをしないと給料泥棒になってしまう」と思って始めた宣伝活動の一環です。コロナとの奮闘を綴ったブログを抜粋したものが本書です。「旅行ができない」「飲みに行かれない」という、コロナが提供してくれた時間で読んだ本の感想、猪突猛進かつ荒唐無稽な父ミツカズを語った「号外」など、店にいらしたことのない方でも楽しめる内容になっています。

「俺が命令したらはいと言って従えばいいんだ」と怒鳴り散らす父ミツカズ、「私はあなたの母ではない、姉なのよ」と突然言い出す母ひさこ、「これはあっちで買った方が安い、お金は大事。金、金、金!」と言い続けるしっかりものの妹理恵。

　クセの強い家族と、個性的なご常連さんが織り成すコロナとの奮闘記です。

　どうぞお楽しみくださいませ。

コロナと蕎麦屋と若女将
もくじ

号外

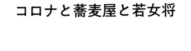

コロナと蕎麦屋と若女将

若女将は20代　2020/3/25

　新型コロナウイルスに関する都知事の記者会見がありました。
　すると。わずかながら残っていた宴会のご予約が全てキャンセルになりました。久々に団体さんのご予約だったので張りきっていたのですが……。
　残念です。
　誰もが不便を強いられ、ほとんどの業界の方が売り上げ減少に苦しんでいます。
　でも苦しいときこそ口角をあげて、笑顔で過ごしませんか。
　ニコニコ笑ってバカだと思われるくらいで良いのです。
　笑う角には福来る。

　どんなに苦しいときも、私はおいしいものを食べているときは無条件で幸せです。
　能天気な性格なのかな？　とも思いますが、案外みんなそうなんじゃないかな？　という気もいたします。
　もしも海外で起こっているロックダウンのようなことが東京で実施されたら当店は営業できなくなるかもしれません。
　でもそうなるまでは笑顔でおいしいものを作り続けます。
　店の明かりが人々の心に希望を灯せるよう、おいしい蕎麦を打ちます。

　なーんて。
　今日のブログは何？　良い子ちゃん？
　最高に面白くないわ。
　でもそれもここまでよ。
　私はね、打ったら売るの！！

2

売れ残りが出そうになったら駅前に立ちます！！
ご常連さんを見つけたら、私のそばに来てくださいとお願いするの。
だってソバヤだもん。

いま。
コロナで亡くなった志村けんが「時の人」になっています。
夕べのご常連さんの話題にも上がったので、私は「8時だよ！　全員集合！」が大好きだったことを告白しました。
するとお客様はとても驚きました。
「どうしてそんな古いテレビ番組を知ってるの？　どう見たってまだ20代なのに」

もう一度書きます。

「どうしてそんな古いテレビ番組を知ってるの？　どう見たってまだ20代なのに」

今度は大事なところだけ抜粋して書きます。

「どう見たってまだ20代なのに」

一番大事な箇所を三回言います。

20代

20代

20代

私に下心があって「20代に見える」とおっしゃる「夏恵マニア」はいらっしゃいますが（そのことを私は本当にありがたいと思っています）、夕べのお客様はご来店2度目の方です。

　1ミクロンたりとも夏恵マニアの気はありません。

　だから「20代に見える」と私に言ったところでお客様に生じるメリットはないのです。

　それなのになぜ20代に見えるだなんて言うのでしょう？

　それは……

私が本当に20代に見えたからでしょうね。

　うふふ。

　おいしいものを食べているときより幸せになれた瞬間でした。

　ありがとうございます。

　そして何よりも嬉しいことに、はしゃいで喜ぶ私を見たお客様は……

　昨日から「夏恵マニア」になったようです。

　ありがとうございます。

　本日のご予約は0。

　潔く0！！

　清々しく0！！

　闘いの幕開けです。

鯉と睾丸とスペース　2020/4/4

　本日より、丸屋は禁煙です。

　喫煙なさるお客様から「本当に禁煙なの？　行こうと思ったけどやめた」などと言われます。

　条例なので、私の力ではどうすることもできません。

　丸屋、ピンチ！

　でも！

　ピンチはチャンス！（おいらは前向きな性分なのさ）

　タバコを吸わないお客様はきっと喜んでくださいます。

　ランチタイムを禁煙にしたとき、タバコの煙が苦手なお客様にとても喜ばれました。

　結果、お客様は増えました。

　きっと夜の部でもうまくいくと信じています

　当店は通常営業をしておりますが、コロナ感染拡大防止のために休業するお店も出始めました。

　しかし当店のように小さくて体力のない店にとって、休業は廃業を意味します。

　我々の生活もかかっていますし、こんなときでもお客様はいらしてくださいます。

　なので、スペースをとることにしました。

　昨夜も６名でお見えになったお客様に対して、12名様分のスペースをとりました。

　昼も通常ならば「ぎゅうっ！」となる相席をお願いすることもありますが、今は一にスペース、二にスペース。

　ゆえ、並んでくださっているお客様の「待ち時間」が増えてしまいましたが、安全のための行為です。ご容赦くださいませ。

「自分の好きな店が廃業したら俺は困る。だから通う、そして応援する！」

ご常連さんのアキラさんはおっしゃいました。

命がけの恋みたいですね。

実際は命がけの酒、なんですけど。

もうアキラさんに足を向けては寝られません。

コロナの感染拡大で売上が減少し困っておりますが、ありがたいこともたくさんあります。

会社で呑み会が禁止されているにもかかわらず、「来たことは内緒ね」とおっしゃって足繁く通ってくださる秘密結社のご常連さん。

夜来られない代わりにランチに通ってくださるご常連さん。

支えてもらってばかりで恐縮ですが、感謝の気持ちを味とおもてなしに変えることが私の使命。

努めて、精進いたします。

日々、こつこつ。日々、楽しく。

「ウイルスが危険で世界的流行を引き起こすことを知りながら対応を遅らせ、自らの経済的利益のために見て見ぬふりないし隠蔽した」

米国フロリダ州、テキサス州、ネバダ州では中国を相手取った訴訟が起きています。

法廷の場で中国の責任を追求し、健康被害や経済的損失に対して賠償を求める構え。

海外で法学を学んだ友人に「中国側の言い分を聞いてみたい！」とメールすると、「あの厚顔無恥な国は今度は何と言い出すのだろう」という返事がきました。「厚顔無恥、言い得て妙だ」と私はすぐに返事をしました。

すると「エロい」と返事がきたのです。

なぜエロい？

メールを見直すと、変換が大変なことになっていました。

厚顔無恥が「睾丸鞭」だったのです。

　当店のご常連さん、天才歯科医のモリ先生は、口の中を見るとその人の人生が見えると言います。

　私は口の中で人の人生を見ることはできませんが、携帯電話の変換順位でその人の人生が見えます。

「こうがん」は、睾丸の他にもいろいろあります。

　紅顔

　厚顔

　抗癌

　高岩

　私は女性なのに、持っていない部位の「睾丸」が変換順位一位でした。

　睾丸変換率の高い暮らしをしているのです。

　もう１ついきます。

「こい」

　濃い

　来い

　故意

　鯉

　恋

　私の人生が見えてきました。

　恋より鯉が優先で、「濃い」のが好き。

　睾丸に固執して、恋に縁なき日々。

いやはや……。

岩手
鳥取
島根

通常ならば忘れられている地味な県ですが、
今は一番目立っています。
スタバがない県？
いやいや、スタバはあります。あるんです。東京渋谷の初台にはな
いスタバが島根にはあるんです。

コロナ感染者がいない県です。（2020年4月時点において）
東京も「右にならえ」しなくてはいけません。
岩手、鳥取、島根の仲間入りできるよう、みんなで努力しましょう。
マスク、スペース、おうちにイン！
おいしいものが食べたくなったら、丸屋にイン！
スペースをたっぷりとって、お待ちしています。

当面夜の部は休業します　2020/4/13

　苦渋の決断です。

　世の流れに従い、夜の部はお休みといたします。

　そして私は飢え死にしそうです。

　なぜなら私には「並ぶ」という能力がないのです。

　外食産業はテイクアウトに徹していて、買うためには並ばなくては
なりません。

　スーパーマーケットは激混み状態。

　私の脳内計算ですと、レジスターに辿り着いてお会計できるまで3
年ほどかかる混み具合です。

　食べ物が手に入らない！

　並ぶくらいなら飢えている方が楽なので、飢えている次第でござい
ます。

　気分を盛り上げるため、少し過去を振り返ってみようと思います。
「こんな時代もあったなぁ」の写真展＠初台丸屋。

　中央のハンサムガイは初台丸屋のスーパースター、おっひーです。

　何度見ても素敵ね♡

左が私の母、南部美人のひさちゃん。
そして右が私こと、若くない若女将でございます。

コロナ前のクリスマス。
ミニスカサンタのコスプレは当店の恒例のイベントでした。
左が夏恵マニアのなおくん。
右はなおくんのお仲間のオギーさん。

コロナが収束したらまた遊んでくださいね。

インターナショナルな夜も丸屋にはけっこうあるんです。
ブラジルからいらしたお客様です。

サンバを奏でる情熱の国。全てが熱いのです。
激しく求愛されて満更でもない若女将でした。

帰り道にばったりお会いしたサルヴァトーレさん。
これを機に一気に距離が縮まりました。
落ち着いたらまたお会いしましょう！

（結局このあと私は時間を持て余し、一週間後には夜の部の営業を再
開しました。）

昆布巻き　2020/4/17

　花の金曜日。季節は春。

　10年も経てば、「2020年の春……あの時は本当に大変だったな」と振り返ることになるのでしょうか。

　きっと歴史の教科書にも載ります。

　30年後の子供たちは「コロナで世界大恐慌に陥る」のところに赤線を引くよう教師に言われるでしょう。

　我々の「スペイン風邪」よりも強いリアル感を伴って頭に刻まれてゆくのかもしれません。

　未来を描いた映画ではよく、地球は放射能で汚染されているから外出時には防護服を着なくてはならない設定だったりしますが、だんだんとそんな未来に近づいているのでしょうか。

　問題はウイルスだけではないのです。

　地震、津波、台風、原発。

　子供の頃、柏崎にある原子力発電所を見学したことがあります。

　案内してくれたお兄さんは私に言いました。

「大きな地震が来たらここに避難すればいいんだよ、ここが一番安全なんだ」

　私は驚いて、聞き返しました。

「でも放射能が……」

　するとお兄さんは誇らしげに言いました。

「そう、とても危険な放射能がある。だからこそ、建物はものすごく頑丈に作られていて、大きな地震や津波が来てもびくともしない。もちろん放射能が漏れることも絶対にない。意外だったでしょう？　ここはね、とっても安全な場所なんだ」

　単純な私は感激しました。

「へぇーそうなんだ！　すごいね！　原発ってすごい！！」

　歳を重ねると、人は学習します。学習能力が低めのわたしでさえも、気がつきます。

　柏崎刈羽原子力発電所の電気は東京に流れています。

　そのために送電線（高圧線）がいくつも作られています。

　そんなに原発が安全なら、原発を東京に作ればいいじゃん！　と思いますよね。

　それができない理由があるんです。

　僻地の過疎化した場所にしか原発ができない理由が……。

　そして3・11。

　昨日はアキラさんがランチにいらっしゃいました。

　いつもはエビスビールをクイっとやりながら蕎麦前のひとときを楽しむのですが、昨日は日本酒をお呑みになりました。

　開封した日本酒が徐々に風味を失ってゆき、一本また一本と調味料に変わってゆく私の悲しみを汲み取ってくださったのです。

　アキラさんはもの言いがストレートなので最初は怖かったのですが、優しさを全て行動で表す方だと知ってからは心底尊敬するようになりました。

　そんな素敵なアキラさんから、R18知識を教わりました。

当店夜の部のメニューに「にしんの昆布巻き（コブマキ）」があります。

この「昆布巻き」という言葉には隠語が備わっているのです。

吉原の遊郭にて、着物を脱ぐ間もなく慌ただしくまぐわう男女。

着物の帯を巻いたまま「いたす」こともあったのだとか。帯を巻いたまますることからやがて「昆布巻き」と呼ばれるようになりました。

現代女性は大概はズボンですし、スカートのときも三角形のものをあてがっておりますがゆえになかなか昆布巻きは実現できませんが、そういう隠語があるということだけでも知っていれば乙ですな。

いつか「呑み会」ができるようになったら、「昆布巻きネタ」でぜひ一席もうけてください。

アキラさん、大人のレッスンをありがとうございます！

閑古鳥の正体　2020/4/21

丸屋〈昼の部〉。

日に日にお客様が少なくなっています。

当店のお客様はお近くの会社に勤務しておられる方が90%ほど。

なので在宅勤務が徹底化されればされるほど、閑古鳥が元気になります。

鳥はどんな類でも好きです。鳩もカラスも大好き。とってもかわいいと思います。

でも閑古鳥ってどんな鳥？

閑なので時間ならいくらでもあります。Googleを用いて検索しま

した。

　すると。

　閑古鳥の正体はカッコウでした。

　カッコウの鳴き声がどこか物悲しく聞こえることから、静かでお客さんがあまりいない状態を「閑古鳥が鳴く」と言うようになったのだそうです。

　こんな状況ですが私は元気です。

　それはご常連さんのおかげです。

　出勤日には必ず丸屋に寄ってくださる方。

　雨が降っていても、はるばる甲州街道を超えて丸屋においでになるクランキーさん。

　毎日出勤だから毎日来るとおっしゃって、本当に毎日来てくださる方。

　毎日テイクアウトをお買い上げくださるお客様。

　応援メールをくださるご常連さんたち。

　在宅勤務のサノスケさんは仕事終わりに車で丸屋に来て、夕餉をテイクアウトしてくださいます。

　仕事中なのにエビスビールを2本お呑みになってからもりそばを召し上がるアキラさん。

　お客様から日々、とてつもなく大きな力をいただいています。

　本当にありがとうございます。

　早く夜の部を再開して、みなさまの愛に溺れたい。

噂をすれば　2020/4/24

　昨日は朝からせわしない1日。

　わたくし、やってやったわ！

　東京都に感染拡大防止協力金のオンライン申請をしました。

　けっこう大変でした。代書屋さんという商いが存在するわけがよくわかります。

　申請して得られる金額は50万円。

　不備を出してしまうと審査に時間がかかるので、慎重に手続きいたしました。

　さあどうなるか。

　当店のご常連さん、サノスケさんとキムニイさん（仮名）は学生時代からの友人です。

　お二人の勤務先は初台ですが、ちがう会社なので一緒にいらっしゃることはありません。

　昨日はサノスケさんがお見えになって、しばらくしてからキムニイさんもお見えになりました。

　なんという偶然！！

　お二人はこれまでに何度も丸屋で遭遇しています。

　話を聞けば出張で栃木県を訪れている時に遭遇したこともあるそうです。

　地下鉄サリン事件が起こった日にも、ざわざわした都内の地下鉄で遭遇しています。

　運命の赤い糸。

　お二人がゲイだったら恋仲になっていたかもしれません。

　残念ながらお二人ともノンケですが、大の仲良しです。

ランチタイムなのでドリンクはお茶。それでもトークは盛り上がり、笑って笑ってハイテンション。

　売上が落ち込んですっかりグレーになっていた丸屋の空気が一気に桃色と化しました。

　咲かせちゃったわ、桃色吐息（古い）。

　珍しく昨日の丸屋ランチの売上はなかなかのもので……うは！

　福の神パワーをありがとうございます。

　噂をすれば影。

　これは本当なんです。

　実は昨日、ランチの仕込みをしながらサノスケさんの話題で盛り上がったのです。

　そしたら本当にサノスケさんがおいでになりました。

　おとといは、さくぴーの話題で盛り上がりました。

　すると30分後にさくぴーご登場！

　で、さくぴーがお帰りになったあと、キムニイさんの話題になったのです。

だってお二人は双子のようにそっくりなんだもの。

左がさくぴーで右がキムニイさん（仮名）。

別人ですよ。

そしたら昨日はキムニイさんがいらしてサノスケさんとばったり会って……。

メールを送ったりしなくても、心と心は繋がっているのです。

思い合っている人たちは、会うようにできているのです。

ちなみに携帯電話のアプリを用いてお二人を女性化しました。

やはり似ています。

当店ご常連さんのアキラさんは登山家です。

アキラさんが何週間か丸屋においでにならないと、ミツカズが言い出します。

「アキラさんは山で遭難したんだな」

みんな口々に「そうだね、好きな山で逝けてアキラさんも本望だったと思うよ」などと言い合います。

すると10分後にアキラさんがおいでになります。

でたっ！　噂をすれば！

「はらいためえ〜きよめたまえ〜」と言いながらハタキを振りたい衝動に駆られますが（ハタキか）、それはもう流れというやつで。

アキラさんの無意識の心は我々の思いを受信しているのです。

　丸屋が言う「アキラさんは遭難したんだね」は、「アキラさんは元気かな？　会いたいな」を意味しています。

　要は、愛してるのサインです。

　愛される罪な男、アキラ。

　そろそろ遭難している頃かもしれません（In other words, I love you）。

　地球上では急激に貧困化が進んでいます。

　ウイルスもこわいけど、生まれたときから資本主義教の洗脳を受け、信者として生きているので、お金がなくなるのもおんなじくらいこわいです。

　Saving money より Making money が資本主義の勝者。

　そのように洗脳されているので、Making できない状態がストレスフルなんです。

　私がユダヤ人だったら、このピンチをチャンスに変えて大富豪になっていると思いますが、DNA はミツカズとひさちゃん（少しロシア人）なので、ウォッカを呑みながら馬券を買うのが関の山……。

　悩ましいですわ。

緊急事態宣言解除後、初の金曜日
2020/5/29

　今日は緊急事態宣言が解除されて、初めての金曜日です。
あんまり浮かれちゃいけないと思いつつ……。
ちょっとうきうき。ちょっとわくわく。
　朝、メールにて胸がときめくご予約が一件入りました。
うほほ～い♪
夜になるのが楽しみです。

　夕立。
　私の人生には、激しい雨のあと心潤ふ出来事が起こります。
　出勤前、わたくしは傘を持たずに買い物に出ておりました。
　すると、突然の夕立。
　……濡れ鼠でございます。
　手ぬぐいで髪を拭きながら店に入ると、アキラさんがいらっしゃい
ました。
　ほら。潤うことがさっそくありました。
「お！　水もしたたるイイ女！」
　アキラさんからの第一声です。
　もう、正直なんだから！
　アキラさんは事務所を新宿御苑に移転させました。
　一等地ですが、初台からはちょっと遠い。
　寂しいけど、アキラさんとは強いエニシを感じるので、きっとこれ
からも仲良しでいられると思っています。
　読書家のアキラさんは、昨夜1800円もする単行本を読んでおられ
ました。

「お金持ち〜！　私は文庫本になるまで待ちます」
　そう言うと、アキラさんはおっしゃいました。
「私は読みたい本は高くても買うことにしたんだ。明日死ぬかもしれ
ないから」

　アキラさんは常に「死」を念頭に置いています。
　そうなんですよね。
　若くても年配でも、健康な人も病気の人も、「死」はすぐそこにあ
るんです。
　誰にでも、平等に。突然の死も、予定通りの死も。避けては通れな
い道です。

　〆にそ蕎麦を召し上がり、アキラさんは席を立ちました。
「生きていたらまた来るよ」

　ほら〜もう。
　かっこいい。
　罪な男、アキラさんのお噺でした。

　一方で、全く罪ではない男の子もいます。
「オレ、今日食欲ないから、唐揚げ定食のごはん大盛りにするわ！
軽めに大盛りだよ、わかってる？　軽めね、大盛りで！」
　罪から程遠い男の子はおかしなことを言い出しました。
　でも私は慣れているので大丈夫。
　それじゃあと、お茶碗３杯分程度の米を大きな丼に盛りました。
「こんなんで足りる？　かる〜く盛ったけど」
　せいちゃんは満足そうに頷きました。
「足りるよ、充分だよ。さっき松屋でめし食ったし」

せいちゃんは全然太っていないのに、大食いな珍獣です。

よわいは52歳。

でもまだ中学校2年生、ピーターパンなのです。

せいちゃんは子供のくせにお金をよく稼ぐので（でも貯めない）、幡ヶ谷の名店「ふるや古賀音庵」の高級団子を買ってきてくれました。

でも「なっちゃんは太ったから食べちゃだめ」と言われたので、私は本当に食べませんでした。ふん！

「蕎麦打ちながら蕎麦食べてるでしょう？」とまで言われたので、「蕎麦は茹でてから食べるものです」と教えてあげたのですが「俺、蕎麦に興味ない」と一蹴されました。

にくたらしい小僧だわ。

「ジムが再開したら元に戻るわよ。悪いけどアタシに惚れたら火傷するからね！」と昭和感漂うセリフが出かけたのですが、せいちゃんはゲイだったことを思い出しました。

カミングアウトされたわけではないのですが。

よく「ゲイ」って書いてあるベルトをしているんです。だから多分ですけど、絶対にゲイです。

正確には「D&G」と書いてあります。とても高級そうなベルトです。

「デブ＆ゲイ」という意味なのでしょう。2丁目アピール用ですかね。

せいちゃん、来てくれてありがとう！

私は食べなかったけど差し入れもごちそうさまでした。

ゲイのこと、カミングアウトしちゃってごめんあそばせ。

心に響く乾杯の音　2020/6/5

　久しぶりの満席御礼に、感激しながら走り回った夜。
　ご来店くださったみなさまには心より感謝いたします。
　どうもありがとうございます。
　コロナ前の丸屋を思い出しました。
　毎晩が満席で、いつしかそれが当たり前だと驕っていました。
　緊急事態宣言発令と同時に、いただいていたご予約の 99.9% がキャンセルとなり、それからはもうずっと開店休業状態。
　長い夜が続きました。
　そしてようやっと解除。
　解除の日の丸屋は大にぎわいで、それからは賑わう夜が続きました。
　でも恐れていた「東京アラート」が発信され、また自粛が始まるのか……そう思っていたら、「そんなの関係ないぜ」と言わんばかりにご常連さんが大勢でカムバック！！
　ありがたい限りです。
　閑古鳥とともに長い夜を超えて、少しだけ見えてきた光。
　ご常連さんがこんなにたくさんいてくださって、丸屋を応援してくださる。満席は「当たり前」なんかではなかったのです。
　お客様の優しさと愛情にどれだけ支えてきてもらっていたことか。
　思い知りました。ありがたくて、ありがたくて、こうべを垂れながら働きました。
　平成元年の丸屋オープンからずっと走り続けて頑張っている両親の努力にもこうべを垂れました。

　旅マンのトシローさん。
　当店のご常連さんです。

昨夜はトップスの抹茶ケーキとまい泉のとんかつを差し入れにお持ちになってご来店くださいました。

「手ぶらで来てください」と何度もお願いしても、トシローさんは素敵なプレゼントを持ってきてくださるので、私はすっかり人が変わりました。

「今日は何を持ってきてくれるのかな？　楽しみ」

　昨日も期待を最大限に膨らませてトシローさんをお待ちしておりました。

　ひさちゃんにも、「トシローさん今日は何くれるかな？」なんて言って呆れられている始末です。

　抹茶ケーキもまい泉のとんかつも、わたくしの期待をはるかに凌駕していました。

　狂喜乱舞の舞いを踊りながら、愉快に後片付けができたのはトシローさんがふるまってくださったリースリング（白ワイン）のせいかしら？

　そう、トシローさんは昨夜リースリングを開けました。

　２本も！！

　ひさちゃんと私にもふるまってくださって、何度も何度も乾杯しま

した。
　お仲間さんたちは蕎麦焼酎を楽しんでおられます。
　幸せだなぁ。グラスが鳴る音が心に響きます。
　幸せに身をゆだねてうっとりしていましたが、はっと気がつきました。
　あれれ？　トシローさんたらひとりで２本も開けちゃった。
　私もご相伴には預かりましたが、忙しかったのでグラス３杯ほど
だったかと……。
　お酒と女性に強いトシローさんなのでした。さすが。
　最高に楽しい夜をありがとうございました。

　早朝に蕎麦を打っているとき、甥っ子くんからラブコールがありま
した。
　こんな早い時間にどうしたんだろう？
　そう思って電話に出ると、受話器の向こうから嬉々とした声が聞こ
えてきました。
「なつ、アリがタマゴ産んだよ！！」
「えええっ！　やっぱり女王蟻だったんだ。すごい！」
　小学五年生の甥っ子が女王蟻らしき蟻を捕まえ、人工の蟻の巣に入
れて様子を観察していたのです。
　甥っ子くんとともに感激した朝。
　クロヤマアリです。
　これからウジムシみたいな幼虫がうじゃうじゃ増えるのね。興奮す
るわ！
　蟻の家族を養うためには生きた虫を捕まえてこなくてはいけません。
　コバエとかイトミミズを嚙み砕いて「肉だんご」を作る様子もぜひ
観察しなくては！

　公私共に見えてきた明かり。
　さあ、前進だ。

女王様の夕餉　2020/6/9

暑さと忙しさに身体が追いつきません。
体調を崩さないよう、早めの就寝を心がけています。
睡眠は力なり。
みなさまもお気をつけくださいませ。

でも忙しいのは幸せなことです。
昨日はドッカンドッカン打ち上げ花火があがったような月曜日でした。
気持ちもレジスターも潤いました。
どうもありがとうございます！！

先日のブログに書きましたが、甥っ子くんがクロヤマアリの女王蟻
を捕まえてきたところ、無事に産卵しました。
それから皆、とてもせわしないです。
孵化した幼虫のごはんと女王様のごはんを用意するため、甥っ子の
家族と夏恵は一丸となって奮闘中です。
しかし問題発生。
みんな虫が好きすぎて、捕獲した昆虫を餌にできないのです。
日曜日、私は目の前で花の蜜を吸う愛らしいアゲハチョウを捕獲し
ました。
ハサミで羽を切り落としてから蟻の巣箱に入れておけば、蟻のごち
そうになります。
でも、手の中でもがくアゲハチョウはとても元気で可愛くて……。
羽を切って無力にするなんてかわいそうだという気持ちになってき
ました。
ためらったときに指の力が抜けたらしく、アゲハチョウは全身の力

を込めて指の隙間から抜け出しました。
　ヒラリと舞い上がり羽の動きを調整すると、高く高く飛び上がりました。
　あ。
　うん、そうだね、それがいい。
　そう思った次の瞬間、お腹をすかせている女王様の顔が思い浮かびました。
　あああ、どうしよう、困った。

　同日、別の場所で。
　妹も女王様のためにバッタを捕獲しました。
　手の中で元気よく暴れるバッタはとても可愛くて……。
「だめだ、エサになんてできない」
　そう思って逃したそうです。

　女王様は依然として腹ペコ状態。
　急遽、甥っ子くんと姪っ子ちゃんも含めて女王様対策会議を開きました。
　みんなで困ったねと言い合っていると、姪っ子ちゃんが目をキラキラさせて提案しました。
「アリ、つぶそうか？」
　みんなで無視して話を進めました。
　ハエとかモンシロチョウの幼虫とか、情がわかない類の虫を頑張って捕獲するしかないか。
　でも探すのがむつかしいよね。
　姪っ子ちゃんが絶妙なタイミングで口をはさみます。
「アリ、つぶす？　つぶすならアタシがヤるよ！」
　ペットショップでアカムシを買ってくるしかないのかな。
　でもアカムシって気持ち悪いんだよね。うっかりしてると蚊になるし（ユスリカなので刺しませんが）。
「アリ、つぶしちゃおうよ。一瞬で終わるから。一瞬で問題は解決す

るよ」
　姪っ子ちゃんは女王蟻つぶし案を強引に展開します。
　すると甥っ子くんが泣きそうになりながら抵抗しました。
「女王様をつぶすなんて絶対言わないで。オレ、自分のおこずかいで
ミールワーム買ってくるから大丈夫だよ!」

　ミールワームとは甲虫類の幼虫です。

　それだ!　それに決まり!
　ミールワームならアカムシと違って見た目がかわいいし(←基準が
おかしい人たち)、だからと言って蟻の餌になるのを悲しむほどの魅
力は備わっていません。
　問題解決です!
　めでたしめでたし。

　会議終了後、意見が通らなかった姪っ子ちゃんは不服そうな顔をし
てぼそっとつぶやきました。
「ま、いいや。明日ナナちゃんと公園に行って、蟻踏みまくろうっと」

　再び泣きそうな顔をする甥っ子くんに対して不敵な笑みを浮かべる
姪っ子ちゃんでした。
　こわい妹と優しい兄。
　いいコンビです。

　飲食店も虫と同様、喰うか喰われるかです。
　生き残りをかけて、今日も丸屋は闘います。
　厨房は殺生の場。我々は生きるために生きてるものを殺めます。
　心を込めて包丁を握り、今日があることに感謝して。
　さて、そろそろ暖簾を出しましょう。
　開店です。

極道の女　2020/6/18

　まだら満席の夜が続いております。
　まだらなのは、お客様とお客様が時節に応じた距離を保てるよう当店が人数制限を実施しているからです。
　3 名様のグループがいらしたときは 6 人テーブルにご案内します。
　安心 & 快適です。

　昨夜はヘンタイのクランキーさんがテンサイのモリ先生と一緒においでになりました。
　マスクをしている私の顔を見て、クランキーさんは熱い目をしてこんなことをおっしゃいました。

「なっちゃんのマスクになりたい」

　クランキーさんのヘンタイ力、健全です！！

　クランキーさんが私のマスクになったら、口に何を入れられるかわかったもんじゃああありません。
　そう思いながらクランキーさんの席へ行くと、クランキーさんは先生と何やら話し込んでいて「猫の手も借りたい」とおっしゃっていました。

　まあ、クランキーさんたら！
　あのかわいい肉球がついた猫の手を借りて、一体ナニをするつもりなの？
　きゃー、いやらしい。ひー、スケベ！

以前にも書きましたが、甥っ子くんが女王蟻を連れて帰ってきました。

　女王様は産卵し、女王様を世話する人間たちはどんな食べ物をお出しすればよいかわからず右往左往しております。

　ペットショップでミールワーム（甲虫の幼虫）を買ってこようということになったのですが。

　女王様は買ってきたミールワームを絶対に召し上がらないのです。

　野生界では、女王蟻は飲まず食わずで幼虫の世話をします。

　幼虫が働き蟻になったら、働き蟻たちが狩りをして女王様へ食事をお届けするのです。

　それまでじっと待ちます。

　その体力を養うために、女王様は卵のときから他の蟻より多くの栄養価の高い食べ物を与えられてきました。

　だから食べなくても大丈夫なのですが、「食べない」ことを選択しているわけではありません。

　食べられないから食べないだけで、食べられるなら食べるのです。

　せっかくだから召し上がってほしい。

　私たちはそう願いました。

　しかしミールワームを召し上がらないので、一同は悶々と途方にくれていたのです。

　そんな中、昨日。

　事件が起きました。

　学校から帰ってきた姪っ子ちゃん。

　バタバタと家にあがってくるとタッパーを持ち出し、「ちょっとそこまで行ってくる！」と駆け出しました。

　そして5分後、「つぶれたアオムシ」をタッパーに入れて帰ってき

たのです。
　絶句する大人たちと兄（私の甥っ子）に対して、姪っ子ちゃんは平然と答えました。
「アタシがつぶしたんじゃないよ、最初からつぶれてたんだよ！」

　今さっきつぶれた風情のアオムシは、なんだか新鮮でおいしそうに見えます。
　ピクっ、ピクっ。
　細胞の最期の蠢きが蟻の食欲をあおります。
「女王様にあげてみよう」
　楽しそうにそう提案する姪っ子ちゃんの顔をみて、母親（理恵）はピンときました。
　そう、母というのはいつだって子の嘘を見破るのです。
「本当はアンタがつぶしたでしょう？」
　理恵は姪っ子ちゃんをストレートに攻めました。
　姪っ子ちゃんは答えます。平然と主張します。
「ヤってないよ！」
　しかし母は突っ込みます。
「いやいやいや。こんなふうにアオムシがつぶれてるなんて不自然だもの。
　車にひかれたらもっとペッタンコになるでしょう？　ここ、見て、まるで人の指でぐにゅってつぶしたみたいだよ。しかも小さな女の子の指だねぇ。おかしいねぇ」
　ついに耐えられなくてクスクス笑いだす姪っ子ちゃん。
　そんな彼女に母は追い打ちをかけます。

「アンタ、ヤったな？」

　さすがの姪っ子ちゃんも母には敵いません。
　ついに白状しました。

「はい、ヤりました。アリのためにヤりました」
　白状しながら、小さなかわいい指で、何かをぶちゅっとつぶす所作
をしてニヤっと笑ったのです。

　優しい甥っ子ちゃんは泣きべそをかきます。
「か、かわいそう、アオムシ、かわいそう……」

　そこで理恵は念押し行動に出ました。
「蟻のためにやったってことは、蟻が好きになったってことだよね？
もう蟻をつぶすなんて言わないでしょ？」
　すると姪っ子ちゃんは今度は笑わずに、真剣な面持ちで答えました。
「ヤらなきゃいけないときはヤる。だからヤるときは言ってね、ア
タシに」

　よわい７歳にして腹をくくって生きる姪っ子ちゃん。
　極道の女です。

　女王様は新鮮なアオムシを召し上がりました。
　それはもう、大変なお喜びでした。
　めでたしめでたし。
　でもまだ続きがあります。
　食べやすいようにアオムシをはさみでバラバラにしたのは極道の姪
っ子ちゃんですが……。
　姪っ子ちゃんはアオムシの頭だけ残して手に隠し持ち、笑顔で兄に
「これ、あげる」と手渡しました。
　ひぇーーーっ！！
　結果、兄は悲鳴をあげながら泣きじゃくる、という残念な〆ととも
に今日はこのへんでお開きといたします。

ちかちゃんが来てくれました、
アキラさん 3 日連続でご来店　2020/6/25

　月曜、火曜と静かな夜を経て……。

　夕べはドッカン！

　忙しい夜になりました。

　なぜなら、ランチに「ざしきわらしちゃん」がお見えになったからです。

　丸屋に大いなる福をもたらす愛らしい妖怪の少女。

　そうです、ちかちゃんです！！

　ちかちゃんはかつて初台の会社に勤務していて丸屋のご常連さんでしたが、会社を定年退職したあとは故郷の山梨県にお帰りになりました。

　わざわざ山梨からいらしてくださったのです。

　ちかちゃんはすっと店内に入ってくると、「いつもの席」に腰を下ろしました。

「ちかちゃんだ！」「あ、ちかちゃん！」「きゃあ、ちかちゃん！！」「わーーーーーー！」

　丸屋スタッフたちは一気に興奮状態になりました。

　ほっそりとしたちかちゃんは相変わらず美しくて、楽しくて、かわいくて。しびれました。

　陽気でコロコロ笑うちかちゃんを見ていると、誰でも、どんなときだって幸せになれます。

　田舎の人はコロナが広がる東京をこわがるから、内緒でこそっと出かけてくださいました。

　嬉しいなぁ。

　ありがとうございます。

そうしたらね、ほらね。

夜の部も忙しくなりました。

「人を幸せにする！」というちかちゃんの生き方は今も健在。

当店の座敷わらしでもあり、福の神でもあります。

私こんなに幸せで、いいのかしら？

ちかちゃん、ありがとうございます。

I love YOU！！！！！

三日連続でアキラさんが丸屋にお見えになりました。

アキラさんが初めて店にいらしたとき、私は黒革の手帳にこんな風に書き込みました。

「堅気じゃない、アレルギーなし、おつまみは少なめで〆にもりそば」

今でもアキラさんは昔のままですが、変わったことが１つあります。

私がアキラさんと仲良しになれたことです。

最初は顔はこわいし、言葉はきついし、やくざだし。

私、絶対ムリ！　かかわれない！

そう思っていました。

でも行動がものすごく優しいことに気づいてから一気に大好きになりました。

アキラさんは夕べ、神保町で呑んでいました。

そこで丸屋の話題になり、お仲間さんとともに「じゃあ今から行こう」という流れになったのです。

なんとなんと、タクシーで駆けつけてくださいました。

ありがとうございます。

苦しかった時代に（今も苦しいけど）、助けてくれたアキラさん。

意地悪ばかり言うけど、丸屋を大切に思ってくれているアキラさん。

面白い本をたくさん貸してくれるアキラさん。

日本酒をふるまってくれるアキラさん。
クレジットカードの暗証番号を教えてくれるアキラさん。

大好き！！
アキラさん、今夜もお待ちしております。

~~~~~~~~~~~~~~~~~~~~

10分だけ……　2020/7/9

新しいウイルスとやまない雨。
七夕を祝うどころではありませんでした。
でも近所のスーパーマーケットには、面白い短冊が飾られていました。

コバエは、その……。
ヒゲブトコバエという種類のコバエはどうしても
目をめがけて飛んできます。涙（タンパク質）を舐
めるためです。

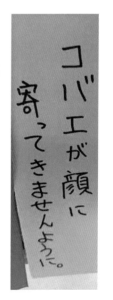

　世界中の「イケメン」（もとい美男子）がゲイだ
ったら……。
　個人的には全く困りません。
　私が好きになる男性は100%イケメンではあり
ません。ユニークな顔立ちであることが多いです。
　でも私はいつだって恋人には言っています。
「アナタが世界で一番かっこいい」
　だって言うのはタダだもん。

彼に気持ちよくなってもらえば、私も気分良く過ごせるので、タダで使える言葉たちは有効に使います。

7月7日の夜。
初台の夜空には薄い雲がかかっていました。
仕事の合間に夜空を見上げた瞬間、携帯電話が振動しました。

「今夜くらい、街の全ての灯りを消してほしい。
　みんなで仕事の手をとめて、暗闇の街で10分。
　たった10分でいい。
　静かに夜空を眺めたい。
　地上から灯りがなくなれば、天の川が我々の頭上にそっと姿を現すよ」

詩のような、美しいメールでした。
　驚くべきことに、この美しいメールを送ってくださったのは……。

クランキーさんだったのです！！！！

ヘンタイという生き物は、やはり……。
知的レベルが高いのですね。

クランキーさんの言う通り、七夕の夜は10分間だけ仕事の手をとめて、灯りを消して。
みんなで静かに夜空を見上げていたい。
その10分できっと何かが変わるような気がします。
いつか実現できるといいな。

Go To 丸屋キャンペーン　2020/7/15

　保育園時代から仲良しの友人。

　人気店のオーナーシェフをしています。

　このたびレストランを建て替えてリニューアルオープンしたので、お祝いを持って訪問しました。

　が、満席！（予想通りだったけど）

　昔から予約をしないと入れない店なので仕方ありません。

　初台近辺にあるのですが、誰にも教えたくない秘密の場所です。

　一度うっかりクランキーさんに教えたら、丸屋に来ないでそっちに行ってしまいました。

　浮気者め。

　でもクランキーさんもお仲間さんもみんな大満足でした。

　安くておいしいのです。

　ところでこの友人。

　私の両親とも仲良しです。

　ひさちゃんもミツカズも彼の料理と人柄の大ファン！

「もし行ったらお祝い（１万円）を立て替えておいてね」と両親に言われていたので、自分の分と両親の分を別々の封筒に入れて友人に渡しました。

　友人は言いました。

「ありがとう！　実はさっきご両親も来てくれたんだけど、満席で……申し訳ない」

「そうだったんだ？　商売繁盛で良いね。また来るよ」

　そんなやりとりをして店をあとにしました。

　お店キレイになったな〜。

　お客さんみんな笑ってた。いいかんじ、いいかんじ。

そう思いながら歩いていたのですが、ハッとして立ち止まりました。
　ん？　両親が先に行ってる？
　まさかまさか。
　お祝い渡してないよね？
　私に立て替えてって頼んだんだから、行くなら行くって連絡くれるはずだし。
　大丈夫だよね。
　心配になったのでひさちゃんに電話をかけると、
「お祝い、渡したよ」と言われたのです。
「え？　私もミツカズとひさこの名前を祝儀袋に書いて１万円立て替えて渡した……」
　自分の分も渡したので、まさかの二重祝いです。
「私に託したんだから、行くなら行くって連絡くれないと困るよ。二重になっちゃったじゃん」
　私がそう言うと、電話の背後からミツカズの怒り声が聞こえました。
「なんでよりによって今日なんだ？　今日夏恵が行くなんておれは思ってなかったっ！！」
（なんという理不尽な言いがかり！　いつものことだけど……）

　二重払いはこっぱずかしいけど。
　ま、お祝いだしね。
　多い分には良いでしょう。
　そう思い直したところに、ひさちゃんからまさかの発言がありました。
「返してもらいなさい！」
　ええっ？！
　固まる夏恵です（読んでるみなさまも固まるでしょ？）。
　我が母ながら、面白い母親です。
「そんなことできるわけないじゃん」と言うと「『あっ、間違えちゃった、エヘ♡』ってかわいく笑って返してもらうのよ、わかった？」

ひさちゃんは言いきりました。
母という存在はたくましいものですね。

　もちろん返してなんて言いません（言えるわけないでしょ、ふつう）。
　そしてミツカズには「私が立て替えた1万円を返して」と激しく詰め寄り、無事1万円は私の懐に戻りました。
　私はなんにも痛くないので、このおはなしはハッピーエンド♪

　感染者数は増えていますが国は Go To キャンペーンを実施するのですね。
　それならうちも便乗して、「Go To 丸屋キャンペーン」を始めます。
　ご来店くださったお客様に喜んでもらえる企画を考えています。
　乞うご期待！

ミツカズ、迷走！
並んでいる客らに相席を強要！

「何やっているんだよ？　そこに３名座れるだろう！」
　昼下がりの丸屋に店主の罵声が響き渡った。
「大きな声を出さないで」店員たちは必死に店主を制そうとするが、店主の暴走はとまらない。

　店主の名はミツカズ。「ここはオレの店だ、オレが法律だ」日頃からこう豪語するミツカズは昔からトラブルメーカーだ。これまでに起こした問題は快挙に暇がない。
　この日のランチは客足が一定時刻に集中し、外には３名、４名、２名の順番で３組が並んでいた。店内は満席。ミツカズは店員らの防御を振り切って外へ出ると、並んでいる客（３名）のところへかけより、「あちらが空いていますから、どうぞお入り下さい」と案内した。
　ミツカズが案内したのは６人掛けテーブルで、そこには男性客がひとり「肉南蛮そば」を食べていた。
　コロナ禍での相席に戸惑う客らに対し「すぐに空きますので、少々お待ち下さい、よろしければ先にご注文を承ります」と店員が機転をきかせた。
　するとミツカズの罵声が再び店内に響き渡った。
「相席禁止はお前たちが勝手に作ったルールだ！勝手なことをするな！」
　静まり返る店内で、せっかちに蕎麦をすする音が聞こえる。肉南蛮そばの男性だ。自分がどけば問題が解決すると言わんとばかりの勢い

で完食し、慌てて店を出た。

　丸屋は初台に店を構えて33年。零細ながらも経営は順調だった。が、新型コロナウイルスは容赦なかった。伸び悩む数字に苦しみながらも、ミツカズ以外のスタッフは一丸となり感染予防対策を徹底的に施した。

　アクリル板のパーテンションを立て、隅々までアルコール消毒をして換気に気を配る。割り箸の個別化、爪楊枝の包装化にも取り組んだ。結果、少しずつ客足は戻りつつある。

　損するとわかっていても敢えてソーシャルディスタンスを作る。そうすれば、店に対する客の信頼は高まる。そう信じて取り組んできたスタッフの努力を一瞬で崩そうとしたミツカズ。

　昼の部終了後、スタッフはミツカズを責めた。その勢いにミツカズはぐうの音も出なかった。その日の夜。なじみ客のテーブルに挨拶に伺ったミツカズは、昼の事件をこう語った。
「昼、ソシアルダンシングのことで従業員に責められましたよ。従業員は気楽なもんですよ。私の気持ちなんてわからない。社長っていうのは孤独なもんです」
　ちなみにソシアルダンシングとは、会話の流れから察するにソーシャルディスタンスのことかと思われる。
　コロナ禍で迷走するのはミツカズだけではない。米国大統領のトランプも迷走中だ。
　ファシズムな二人の男たちに、民主主義を理解できる日はくるのだろうか。

Go To 丸屋キャンペーンを開始します
2020/7/16

今日から Go To 丸屋キャンペーンを開始します。
この招待画像をご提示くだされば、くじがひけます。

くじで当たりが出れば、フード又はドリンクが 50%OFF 又は無料
になります。

東京発着のお客様も大歓迎！
少人数でのご来店、おひとり様でのご来店も大歓迎！！
丸屋は安心安全です。
なぜならは、空間の９割がソーシャルディスタンスだからで
す！！
すごいでしょ？
うちのご常連さんはエリートビジネスパーソンばかり。

会社から呑み会禁止令が出ているので丸屋に来られません。

当店は毎晩ヒマなのでございます。

緊急事態宣言のときよりもひまです。

もう一度言います。

丸屋には、充分すぎるくらいソーシャルディスタンスがあります！！

なんて素敵な蕎麦屋でしょう。

蕎麦もおいしいし、カミナリオヤジのミツカズは厨房でいつも怒鳴っていて楽しいです。

え？　こんな些細なことでこんなに怒鳴るの？

と、最初はみんな驚きますが、慣れると愉快。笑ってしまいます。

怒鳴り声も慣れれば丸屋の BGM。

名物女将の母ひさちゃんはどんな話題を振っても最終的には「下ネタ」か「お金」で落とします。

娘のわたくしこと若女将はいつも呆気にとられて口をポカンと開けてしまいます。

この機会に「Go To 丸屋」を利用してお得な丸屋時間をお過ごしください。

毎日ひまなので、濃いキャラクターの両親と触れ合って驚いてくださいませ。

木の如く　2020/8/5

　店の外を掃除していたら、背中にセミがとまりました。

　私って、木？

　セミはギギギ……と鳴き始めたのですが、だんだんボリュームアップ。

　気持ちよく大きな声で鳴き始めました。

　この機械音のような鳴き方はクマゼミです。

　南国のセミがとうとう初台にもやってきたのですね。

　ものすごく大きな声で鳴くので鼓膜が破れそうになりましたが、落ち着いて歌を奏でているので邪魔しちゃ悪いと思って私もじっとしていました。

　近所の人がぎょっとして私を見ます。

　そして通りすぎたあとに一度、振り返ります。

　奇異なものを見る目です。

　でも関わっちゃいけないといった風に歩みを早めます。

　こっぱずかしい。

　巡回中のおまわりさんにも「大丈夫ですか？」と心配されました。

　大丈夫なんですけど、1点だけ。

　1点だけ、心配なことがあるんです。

　私、そんなに木ですか？

　ひさちゃんが丈夫に産んでくれたから、木のように立派に育ったのね。

　朝から晩まで、元気に店を切り盛りしております。

　木の如く初台の地に根を張って、強風の日も豪雨の日もコロナの時代も私はここに立っています。この地でみなさまを見守りながら、みなさまのご来店をお待ちしております。

世界　2020/8/18

　ひとりで部屋にいると、背後を誰かがすっと通る気配がします。

　今朝は誰かが真横をすっと通る気配がしました。

　幽霊とかお化けとかの類ではなくて、私が今いる世界とおんなじ空間にもう１つの世界が存在している感じがするのです。

　そういうことってありませんか？

　エッシャーが描いた「相対性」の絵を初めて見たとき、自分がずっと感じていた世界が描かれていると思って体が震えました。

　だまし絵として有名な作品ですが、本当に「だまし」でしょうか？

　おんなじ空間に異なる三つの重力世界と三つの地表が存在しているのです。もしかしたら、世界ってこういうふうに成り立っているのかもしれません。

　で、ふとした拍子に。

　例えばクローゼットを開けた途端、目の前に広がる風景は異なる世界のそれで……。

　うっかり足を踏み入れてしまったらもう元の世界には戻れないのかもしれません。

　おんなじ空間にいるのに、戻れない。

　それを人々はこんなふうに呼んでいるのでしょうか。

　カミカクシ

　あまりに暑いので、世界の境界線が少し緩んでいるようです。

　あちら側はこちら側。

　すぐ近くにある遠い場所。

　そんな場所がこの世界にはあるのです。

耳をすませてみてください。

あっちの音が聞こえませんか？

あっちの重力に引っ張られないよう気をつけてください。

でも、こちら側にいることの方が幸せだという保証はないのですけどね。

~~~~~~~~~~~~~~~~~~~~

夏恵の誕生日を年に3回にする案
2020/8/21

大盛況な夜。

大切なご常連さんたちから誕生日を祝っていただいて、幸せすぎてどうにかなりそうなひとときでした。

こんなご時世なので、いらしてくださった方をブログで紹介できないのが残念です。

大勢の夏恵マニアに祝福されて、涙が出るほど感激いたしました。

たくさんのプレゼントをいただきました。

大切にします。

ありがとうございます。

実は、小学生男子にも夏恵マニアはいます。
私、案外ウケ幅が広いのです。
満席で入れなかったのですが、お客様が優しく「相席しよう、ここ

においで〜」と声をかけてくれたので、小学生男子くんと美人なお母
様は一緒にお蕎麦を食べました。
　小学生男子くんからかわいいキャンドルをいただきました。
　おこずかいで買ってくれたのです。
　うわ〜！
　嬉しい！！
　ありがとうございます！
　本命のＫ保谷さんとＳ徳さんからは素晴らしいフラワーアレンジ
メントをいただきました。
　しばらく店が華やぎます。

　なんて豪華なんでしょう。
　嬉しくて、舞を舞いました。

感謝。

最後はケーキに火を灯し……。
「なんで5本なのよ？　アウンド50だから？　きーっ！」と大騒ぎ
つつ、一気に火を吹き消して……。

45歳になりました。
最高の誕生日です。

こんな時期なのに、今週は毎晩たくさんのお客様がおいでください
ました。
で、ミツカズは言いました。

「これからは夏恵の誕生日を年に3回にする！」

アキラとミツカズの信念　2020/8/26

　夕べはアキラさんがご来店くださいました。

　忙しかったので動きまわっていて、「ああ、喉が乾いた……！」と感じた瞬間、アキラさんはおっしゃいました。

　「なっちゃん、ビール呑みなよ」

　なんなんでしょう、この絶妙なタイミング！

　まるで長年連れ添った「めおと」のようでございましょう？

　幸せすぎてクラクラします。

　事務所の場所が遠くなってしまったのにわざわざいらしてくださるなんて。

　愛を感じます。

　アキラさんの場合、大切なのは私ではなくミツカズなんです。

　お二人は昭和22年生まれ、亥年の同志です。

　アキラさんは世界をよりよくするために活動していて、強い信念を持っています。

　ミツカズは自分の店をよりよくするために活動していて、私利私欲を肥やすための強い信念を持っています。

　似た者どうしです（強い信念が共通点！）。

　私は八方美人なので、自民党のお客様には自民党が最高だと言い、共産党のお客様には「いつも共産党に投票してます」と言い、公明党のお客様には「聖教新聞おもしろいですね」と言います。

　ところで八方美人というのは、どの角度から見ても美人という意味でしたっけ？

　うちにいらしてくださり、うちのものを食してくださるお客様が政治家であれば、私はみんなに投票します。

　一票がイッパイ！

かわいいおじさん　2020/9/9

　バリバリ働く女性がつい惚れてしまう年上の男性。
　いわゆる、おじさま。
　ちょっと前までモテていたおじさまはこんな人たちです。
「おしゃれな紳士、かすかに漂うちょっと危険な雰囲気」
　強気なキャリア女史たちは、いつもすることに追われていていっぱいいっぱい。
　そんなとき、高級レストランに連れて行ってくれて、仕事や人生のアドバイスをしてくれる「話上手な」年上のおじさまに惚れてしまったものでした。過去形です。
　たぶん今のキャリア女史はもう「強気」ではありません。本当に強い。だからすてきなおじさまとは対等に話します。そしてすてきな人間関係を築きます。
　惚れません。
　そしてかわいいおじさんは、そんな女史らの心を不意に奪うのです。
　つっこみどころ満載ないじられ上手。「聞き上手」なおじさんです。
　集合場所は高級なレストランではなく、赤ちょうちん。
「いいちこ」の中に入れた梅干しをマドラーでつぶしながら、女史が話す。おじさんが聞く。
　聞き上手なおじさんだから、女史は自分の弱いところもさらけ出せます。
　年下の男の子が一緒だと、キャリア女史はちょっとカッコつけてしまいます。だから疲れてしまうのです。
　でもかわいいおじさんと一緒だと楽です。
　で、楽しているうちに、ある日気がつくのです
　あれ？　私……いつもおじさんを求めてる。
　これって、恋？

きゃあ！と。
　そんな時代になったと思いませんか。

　というのは、先日。
　女ばかりがつどうワインバーがあるんですけど、そこで「初デートはどこで呑みたいか？」という話になって。
　断トツのトップが意外も意外。「日高屋」だったのです。
　（推定）年収 1000 万円超の女史が求めるのは、かわいいおじさんと日高屋で呑むこと。
　でもこれ、敷居が高いです。
　話し上手になることよりも聞き上手になることの方がむつかしいし、つっこまれる隙を作れる人というのは自己肯定力が強い人だから。他人の価値観にふりまわされず、自身の価値観に基づいて楽しく生きている人です。
　かわいいおじさんはピエロです。
　ピエロになれる人は切れ者です。

　イタリア製のスーツに身を包んだ男性と吉兆で会食するよりも、かわいいおじさんと日高屋で食事をすることの方が価値がある時代の到来。
　ちなみに私もそんな女の一人です。
　見目麗しき殿方とおしゃれなレストランで食事するより、肩の力を抜いて過ごせる男性とカジュアルな場所で食事をする方が良いと思っております。
　そう！　とどのつまり、丸屋みたいな処が最適だということです。
　コロナ後、いろんな意味で忙しくなりそうです。
　少人数のお客様にも楽しんでいただけるメニュー作りにも取り組んでおります。
　ご期待くださいませ。
　ふふ。

早業のモモ VS 長丁場のナツ　2020/9/11

　ものすごく忙しいか、ものすごく暇。
　そんな不安定な夜の部が続いております。
　夕べのくちあけのお客様はおなじみのクランキーさん。
　私へのあふれる下心を隠そうともせず、たんと日本酒をふるまって
くださいました。ごちそうさまです。
　始終私がそばにいたので、上機嫌なクランキーさんはいつもよりだ
いぶ杯を重ねました。（まいどー！）
　クランキーさんの奥様はお酒をお呑みにならないので、クランキー
さんとおんなじペースでお酒を呑む私は思いました。
　私が奥さんだったら良かったね？　と。
　わたくしは思ったことをなんでも口にするので、口に出して本人に
伝えました。
　するとクランキーさんは嬉しそうに言いました。
「じゃあこれから役所に行って、婚姻届を出そう！」
　私は冷静に答えました。
「まずは奥様と別れてくださいね」
　びっくり仰天のクランキーさん！！
「え？　三人で結婚できないの？」ですって。
　やーね！

　愛しいアキラさんもお見えになりました。
　未知のウイルスが拡大していようと、槍が降っていようと、アキラ
さんは好きな呑み屋に足を運ぶことをやめません。
　ありがとうございます。
　夕べは山仲間のモモ様もご一緒でした。

モモ様は女性なので、山の上の露天風呂（混浴）に入るとき水着に着替えます。ものすごい早業だそうです。

　ちなみに「花摘み」も早業だそうで、羨ましい限りでございます。「花摘み」とは？

　山にはお手洗いがないので、人目につかない場所で排尿することを意味します。粋な表現ですね。

　呑み屋さんでお手洗いに立つとき、私は「ちょっと、はばかりに」とか「御不浄に行ってまいります」と言っていましたが、これからは「花を摘んできます」と言うことに決めました。

　私は大酒呑みで、しかも酔いがまわると花を摘みに立つのが億劫になるので、いったん花摘みに立つとなかなか戻ってきません。

　キレが悪いのよ！

　早業のモモ様とはちがって、長丁場のおナツでございます。

　テーブルにアホな男子がいると「遅かったねー、大？」なんて問われます。

　失敬ね、大なら事前に申請するわよ！（なんでだよ！）

　早業の花摘み、羨ましい限りでございます。

　山で花摘みに出かけても私は長丁場ゆえ、解放中の臀部を山の生き物にパクっと噛まれるかもしれません。

　止まらない尿を細く長く放ちながら、かがんだまま走って逃げる技を覚えないと！

　モモ様とアキラさんは来年の夏、剣岳に挑戦します。すごいですね。

　四谷の事務所から初台まで歩き、初台から西武新宿まで歩くアキラさん。

　足腰のトレーニングに余念がありません。

　よし、それなら私も膣トレを始めよう。

　老いても尿漏れしないよう、お股も鍛えておかねばなりません。

　ああ、よわいを重ねるって大変だわ。

おおきいのもちいさいのも、
まるいのもやわらかいのもあります
2020/9/14

　足立区は北千住。

　私のハイグーシャとその友人（男性）が一献しました。

　一軒目は「焼肉・京城」。

　二軒目を探しながら歩いていると客引きのお兄さんたちが寄ってきました。

　そしてこんなことを言ったのです。

「おっぱい、あるよ！」

　おっぱいパブの客引きですが、おっぱいが「ある」とは何事か？

　まるでワゴンセールです、

「おおきいのもちいさいのも、まるいのもやわらかいのも、いろんなおっぱいあるよーー！」

　なんだか愉快な展開になってきました。

　おっぱい大好き男子たちはいろんなおっぱいに魅せられてくらくらしましたが、ハイグーシャがきっぱり断りました。

「ボク、妻に『他の女のおっぱい触ったらちょん切るからね』と言われてるので、無理なんです」

「そ、それは、なんと気の毒なっ！」

　客引きと友人に激しく哀れまれたハイグーシャ。

　そんなハイグーシャですが、実は妻のおっぱいだってもうずいぶん長いこと触っていません……。

　というわけで、男子たちはおっぱいに溺れることなく足立区から生還しました。

　コロナ？

だからなに？
そんな勢いの街だったそうです。
足立区、最強。

というわけで、もう少し涼しくなったら私は足立区の奥深い処へ行こうと思っています。
竹の塚！！
で、〆の反省会は北千住。
どなたか、良いお店をご存知でしたら教えてください。
たまには気の置けない友人らと呑んで、足立区から元気を吸い取ってきます。

~~~~~~~~~~~~~~~~~~~~~~~~~~~~~~~~~~

車窓から見えた角の海老　2020/10/5

早朝の初台に、虹がかかりました。

朝焼けの薄紫と七色の橋。
朝から心が潤います。

土曜日はアキラさんとデートしました。
母ひさちゃんも一緒の親子丼デートです。
場所は築地。
若かりし頃、アキラさんは築地で働いていました。
不当に扱われている労働者とともに闘い勝つことがアキラさんの任

務ですが……。

　他人の給料は稼げても自分の給料が稼げなかったそうで。それは大変だ！！

　それで早朝から昼過ぎまで築地で働いて、そのあとに活動していたのです。

　これは昭和22年生まれのアキラさんが40代だったときのお話。

　当時の睡眠時間はたった3時間でした。

　それでもお体を壊さず、73歳になられた今も元気に山に登るアキラさん。

　かっこいい！

　そんなわけで築地はアキラさんの庭のようなものです。

　今の築地は当時とは全くちがう姿になりましたが、それでも昔からある波除神社をみなで参拝し、勝どき橋を渡りました。

　きれいになった隅田川を見渡して橋の真ん中で深呼吸。う〜〜ん！いいきもち。

　橋の入り口には当時の「東京市長」である大久保留次郎さんの言葉が書かれています。

　「留次郎」という名を見て、母ひさちゃんと夏恵はほくそ笑みました。

　「たぶん留次郎さんで子供は最後にしたかったんだね」

　「うんうん、打ち止めだっ！　って意味を込めて留次郎と命名したんだ」

　勝手な憶測で盛り上がるチャーミングな親子を無視して、ずんずん進んでゆくアキラさん。

　楽しいな。

　店がまたとびきり素敵なんです。

　屋号は多け乃。

　家族経営の店なのですが、全員でアキラさんをあたたかくもてなします。

　息子さんのお嫁さんがとびきりチャーミングなんです。

　笑顔が似合う美女。

お魚は何を食べても新鮮。おいしくて、お酒がくいくい進みます。

ドリンクメニューは主に日本酒と焼酎。

呑み助の心を打つ品揃えです。

生牡蠣、カワハギ、ギンポの天ぷら、マグロのカマ、のどぐろと金目鯛の煮魚……。

白米は肥えるから食べないと言い張る親子に「いいから煮魚の煮汁を白米にかけて食べてみてよ」と主張するアキラさん。

根負けして、白米を発注しました。

結果、至福の満腹です。

食べて呑んで、呑んで呑んで笑った夜。

昼呑みでしたが、秋は日が落ちるのが早いので、店を出ると外は夜。

築地本願寺のモスク風寺院がライトアップされていて美しく、駅までの数分間を秋風に吹かれ夜の築地を楽しみました。

ビール大瓶２本、日本酒６合、焼酎四合瓶１本をさらっと完飲！

ごちそうさまでした！！

土曜日は別居中のハイグーシャの家に行くのが私の常。

アキラさんとデートのあと、新宿から埼京線に乗りました。

池袋で車窓から「カドエビ」が見えます。

小学生の子供が「カドエビ」と声を出して読み上げました。

そしてその下に書かれている「ソープランド」という文字も大きな声で読み上げました。

で、となりに座っているお父さんに尋ねます。

「おとん、ソープランドって何？」

お父さんの回答に興味津々の乗客たち。

車内は一斉に静かになりました。

お父さんは答えました。

「みんなでお風呂に入るとこやんか」

子供は腑に落ちない様子で聞き返しました。

「スーパー銭湯ってこと？」
　お父さんは落ち着かない様子で答えます。
「銭湯とはちゃうで。カドエビは料金がえらい高いんや」
　子供ですからね。訊きますよね。
「なんぼ？」
　お父さんは小声で答えました。
「10万円くらいかなぁ」
　子供は大声で繰り返します。
「10万円っっ！！」
　周囲を見渡して赤面するお父さんは、さらに小声で言いました。
「3万円くらいかも？」
　子供はくったくなく繰り返します。
「えええ、3万円？！」

　それから急に興味を失ったように手元のゲームに集中し始めました。
ほっとしたお父さん。
　ところが子供が不意に言い出したのです。
「7万円の差はでかいなぁ。なんでなん？　なんで？　なんで？」

　お父さんは困りながら言いました。
「楽しい人と一緒のときは10万円なんやけど、そんなに楽しくない
人と一緒だと3万円なんやて？　俺はカドエビには行ったことない
からようわからんて」
　子供は容赦ありません。
「ふーん、ところでさっきからなんでそんなに声ちっさいの？」

　あっはは！
　思わず吹き出しそうになりました。
　埼京線には痴漢もいますが、スルメイカを噛みながら缶酎ハイを呑
んでるミドルエイジドマンもいます。

ちなみに私、東急東横線でスルメの匂いを嗅いだことは一度もありません。

　最初は怖かった埼京線にも慣れてきました。

　マスク着用にもアルコール消毒にも慣れました。

　コロナも慣れれば別にどうってことないよというレベルになるよう、強い体を作ってゆきましょう。

　それには蕎麦を食べることです。

　蕎麦は長寿食。

　本日も打って打って笑顔で売ります。

　どうぞよろしくお願いいたします。

ラブホテルの匂い　2020/10/7

　大きな会社の凄腕営業職の男性に、私は突然褒められました。

「なっちゃん、すごいよね。うつわが大きい！　営業の鏡です！！」

　主語がなかったので意味がわからず、ぽわんとしていると、彼は続けました。

「8月にお店に伺ったときに、小学生のかわいい男の子が来ていたんです。その子がなっちゃんの誕生日を覚えていて、なっちゃんは『覚えていてくれてありがとう』って喜んでいました。

　その次になっちゃんが『私が何歳になるか、知ってる？』と訊いたら、その子『45歳』って言ったんですよ。私ぎょっとして、展開を見守りました。

　そしたらなっちゃんは全然怒らず、それどころか万遍の笑みを浮か

べてこう言ったんです。『覚えていてくれてありがとう』って。

　45歳だなんて言われてほんとはいやだったろうに、笑顔まで浮かべて『ありがとう』ですよ。

　すごいなって思いました。うつわ、おっきいです。心、広いです。

　会社の朝礼で思わず話しちゃいました」

　最初は何を褒められているのかさっぱりわかりませんでしたが。

　徐々につかめてきました。

　なるほど、これは。

　いいハナシです。

　私は申し上げました。

「あー、思い出しました。そういえば私45歳って言われましたね。あはは」

　彼は言いました。

「小学生から見れば27歳も35歳も45歳もおんなじなんでしょうね。あはは」

　ひと通り笑い合ったあと、私は告白しました。

「私のうつわは全然大きくないんですよ。年齢はその子が言った通り45歳なんです。その子、私の年齢を覚えていてくれたんです」

　こういう流れなので、ふつうは「ええ？　そうなんですか？　45歳なんですか？　全然見えない。35歳くらいかと思った」なんて。

　そういう感じの展開になると思いますよね？

　思いますよね？

　ところが！！

　ちがったのです。

「え？　そうだったの？　本当に45歳だったの？　なんだ。

　それじゃあなっちゃんは別にすごくないんだね。うつわも大きくないし、心も広くない」

あれれ？
こうくる？
こういう展開？

そうなんですけど……。
本当にその通りなんですけど……。
そうくるか？！

　ご常連さんと写真撮影をしました。
　帰りぎわ、デンデン氏はご自分が持参した消毒液を手につけました。
　ジャスミンの芳香付きの消毒液です。いい香り～。
「これ何の匂いかな？」
　お客様に尋ねられたので、私は「ジャスミンの香りです」と答えました。
　するとお客様は否定しました。
「ちがうよ、これはラブホテルの匂いでしょう？」
　え？　なに？（面白い！）

「私、ラブホテルの匂いがわからないんです」
　こう申し上げると、お客様は尋ねました。
「ラブホテル、行ったことないの？」
「はい、行ったことありません。今月は……」
　そんなやりとりをしていると、たじこさんが乱入。
「ラブホテルに特有の匂いなんてないよね？　どれ、嗅がせて」
　たじこさん、くんくん鼻を動かして匂いを嗅ぎました。
　そして大いに納得したのです。
「うん、これはラブホテルの香りだ」

　一緒にいらした女史が異議を唱えます。

「ラブホテルの匂いをひとくくりになんてできないわよね？　だって
お部屋によって匂いはちがうでしょう？」
　そう言いながら、匂いを嗅ぎました。
　そして大いに納得しました。
「あ、ラブホテルの匂いだ……」

　私も言われてみればなるほど、これはラブホテルの匂いだと納得し
ました。デンデン氏は嬉しそうにみんなに消毒液をシュッシュと吹き
かけました。みんなでラブホテル臭を放ちながら写真を撮って、スマ
イル with ラブ。
　誰かが「はい、チーズ」と言うと、他の誰かが「はい、バター」と
言います。
　昭和か？！

　真ん中に写っているのが私の敵であり、父であるミツカズです。

　たくさんのお客様がおいでく
ださいました。
　ご予約もたくさん入りました。
　今週の金曜日はご予約で満席
です。
「ご予約で満席」
　この言葉を発信するのは久し
ぶりです。
　しかし時代はコロナ真っ只中。
　今日も気を引き締めて、お客
様をお迎えいたします。

長ネギの豚肉巻き天、始めます
2020/10/19

　先週は大忙しの一週間でした。

　特に金曜日は密になる一歩手前！

　日本酒も焼酎も次々に空っぽになり、足りるかしら？　と不安になるほど大盛況。

　どうもありがとうございました。

　今週もご予約をたくさんいただいてます。

　でも寒くなってまた感染者数が増加したら再びキャンセルの嵐かしら？

　こわいです。

　不安です。

　だんだんと長ネギが柔らかくなってきました。

　大好評の長ネギの豚肉巻き天を始めます。

　冬の足音が聞こえてきましたね。

　長ネギを豚肉でくるくるっと巻いて高温で揚げると、中の長ネギがとろんと甘くなります。

　熱いので、ハフハフとお口に空気を送り込みながら咀嚼してください。

　ミツカズが「長ネギの皮を向け！」と偉そうに命令する季節の到来です。

　強い口調で命令されると、とても腹が立ちます。

「長ネギの豚肉巻き天」だと長すぎるので、スタッフ間では「肉巻天」と省略して呼んでいますが、なぜかミツカズだけ「ネギ巻天」と呼びます。ネギは巻かれる側なのに……。

　混乱を避けるために統一してほしいのに決して足並みを揃えないミ

ツカズ。腹が立ちます。

　凍てつくほど寒くなってくると、白菜を漬け始めます。
　まずミツカズは私に白菜を干すように命じます。
　白菜は重たいのでけっこう大変です。
　ほどよく乾いた白菜に今度は塩をまぶせと命じます。
　そして川で拾ってきた重たい石を白菜の上に乗せろと言います。
　しばらくすると白菜から水が出てくるので、その水を捨てて、また白菜に塩をまぶせと言います。
　その作業を何度も繰り返すうちにおいしく漬かってきますが、そのたびに重たい岩を何度も持ち上げなくてはなりません。
　白菜も徐々に重たくなってきます。
　ふぅ！
　それでも私は命じられるがままに動きます。
　出来上がった白菜漬を「おいしい」とお客様から褒められると、ミツカズは「ボクが漬けているんですよ」と説明します。
　腹が立ちます。

　冬のごちそうの舞台裏は……。
　ブラック一色！！

　ストレスに倒れることなく元気でいられるのは、お客様の笑顔のおかげです。
「おいしい」と言ってもらえると、立っていた腹がすとんと着席します。
　ありがとうございます。
　お客様の「おいしい」に毎日救われています。
　これからも精進します。

「ほっ」 2020/10/22

　昨日から開始したお昼のカキフライ定食（ミニそば付き）1300円、大好評でした。

　召し上がったお客様は「ん〜〜、おいしい！」と目を輝かせ、お会計のときにも「すっごくおいしかったです！！」というお言葉をかけてくださいます。

　嬉しい！！！

　お客様の顔からあふれ出る笑顔。

　恋をすると脇の下から想いがあふれますが、おいしいと全身から喜びが発せられます。

　私もそう。

　先だってハイエースをレンタルして、友人のお母様が暮らしていた家の不用品をまとめてからゴミ処理場に運ぶという作業のお手伝いをいたしました。

　その日は雨が降っていて寒い土曜日でした。

　お昼になって、友人が言いました。

「お蕎麦の出前でもとりましょうか。お蕎麦屋さんにお蕎麦を提案するのもアレだけど」

　いいね、お蕎麦。あたたかいお蕎麦が食べたーい。

　という流れになり、さっそく注文。

　友人たちはおかめそば、私はあんかけそばを頼みました。

　すぐさま出前が届き、友人がおいしい玉露茶を煎れてくれたので、お部屋はあたたかい湯気でほかほかしてきました。

　ゴミ処理場の最終受付は16時。

　ゆっくりはしていられません。

　パーンと割り箸を割って、さっそくいただきました。

　出前用の蕎麦は伸びにくいように打っているのでしょうけれど、ど

うしても麺がつゆを吸ってしまいます。

「伸びてるね」「出前だもの、仕方ない」「でもおいしい」「うん、ほっとする」「町のお蕎麦屋さんって感じ」

ズルズルズル。

沈黙したとたん、各々の体から「ああ、おいしいーーー」のビームが出ていることに気づきました。

せわしない中のほんの一瞬の「ほっ」。

これってとても大切なことですね。

おかげでハイエースいっぱいに不用品を詰め込み、ゴミ処理場持ち込み2回戦まで頑張れました。

不謹慎だけど、楽しかったです。

当店のお客様の9割は企業戦士の老若男女。

毎日毎日戦っています。

気楽にソバヤを営んでいる私には想像もつかないような厳しい闘いに挑んでいるはず。

だからこそ、お昼ごはんくらいは「ほっ」としましょう。

丸屋の蕎麦の旨味は、私が作業のお手伝いをしたときに食べたお蕎麦屋さんと同様です。

高級かつこだわり抜いた蕎麦粉を使っているわけではありません。

北海道産の蕎麦粉を用いたごく普通の二八そばです。

普通の蕎麦粉をおいしく打つには「おいしく打つぞ」という気概と、全ての行程において手を抜かない、手間を惜しまないことがとても大切。

その点丸屋は合格！（自分で言うとこっぱずかしいが）

闘いに果敢に挑み、勝っても負けても人生をゆたかにするためには、丸屋で「ほっ」とすることが必要です。

緊張した筋肉をゆるめながら蕎麦をすするひととき。

そういえば若い頃から丸屋に足繁く通っているお客様たちはトント

ントンと管理職から次長、部長代理、部長、役員、と前進してゆきます。

　気づくとみんなえらい人になっていて、あるとき「センム」なんて呼ばれていたりすると私がびっくり仰天！
「センムってなんですか？　なんかのプレイ？」
　と訊くと、センムは「専務」と記載された名刺をくださったりして、「ふざけていたわけではないんだ」とまたしても私は驚きます。すごいなぁ。

　そういうわけで、丸屋でゆるんと力を抜いてお蕎麦を召し上がってください。
「ほっ」とするひとときを持てば、人生は必ずゆたかになります。

〜〜〜〜〜〜〜〜〜〜〜〜〜〜〜〜〜〜〜〜〜〜〜〜〜〜〜〜〜〜

雨の日には音楽を　2020/10/23

　雨の金曜日。
　アキンドとして雨は好きになれませんが、個人的には雨の日が好きです。
　晴れよりも曇りが好き。雨はもっともっと好き。
　雨の日には必ず音楽を聴きます。
　何かをしながら聴くのではなく、最初から最後までしっかり聴き入ることにしています。
　人生は長いようで短いですから、音楽に聴き入る時間くらいは自分に作ってあげようと決めました。
　雨の日には音楽を。

昨今は iTunese やら amazon music なんかがあるので、いろいろな曲が聴けます。

便利でとても幸せですが、残念でもあります。

空間に保管されてしまうと、手で過去を振り返れないからです。

かつては雨の日に聴く曲を集め、カセットテープに収録したものでした。

Come Rain Come Shine（レイチャールズ）

rainy days and mondays（カーペンターズ）

雨のステーション（ユーミン）

レイニーブルー（徳永英明）

SIngin' In The Rain などなど。

ドライブ用のカセットテープも作りました。

首都高用、東名高速用、中央高速用。

懐かしいけどなんだか恥ずかしい。

物理的なものを手に取りながら、昔聴いていた雨の曲を振り返り、嗚呼あの時はこうだったああだったなどと思いを馳せるのも雨の日の一興。

でも今はデジタルの時代。

さて、今日は何を聴こうかな。

平成（育ちの）女子に成り下がってしまった私は、今日も iPod touch をスピーカーに繋げてミュージックスタート。

雨が降ると、どうしたって客足は伸びません。

こんな日は、レジスターの乾きを音楽で埋め、心ゆたかに過ごそうと思います。

上がる！　2020/10/27

満席の月曜日となりました。
どうもありがとうございます！！
週明けからテンション上がります。
上がると言えば……。

数週間前、銭湯に行ったのです。
中野区に軟水の銭湯があるので、Times のカーシェアリングでひとっ飛び。
いい汗かいて脱衣所で着替えていたら、推定年齢80歳の女性から話しかけられました。
ご年配の方にとっての銭湯は誰かと話をする場でもあります。
こちらも慣れたもの。気軽に話に応じました。

「今の若い子は親の言うことをきかないよね。昔は親の言うことは絶対だったのに」
女性は言いました。
ご年配「あるある」シリーズです。
「そうですね〜」こちらも愛想よく応じます。
すると女性は続けました。
「孫がね東大に受かったんですよ。それなのに自分はホモだなんて言うんだよ。
親がホモなんてやめろといくら言っても、言うことをきかなくて……。困ったよ。東大が台無しだよ……」

銭湯の脱衣所でするには、ちょっと重たすぎる話題です。
「……」

何も言えない私の返事を、女性はじっと待っています。
　普段は銭湯のご年配者には自分の考えは言わない主義ですけれど、つい申し上げてしまいました。
「やめようと思っても、やめられるものではないと思います」
　すると女性は、「孫もそう言うんだよ、全くおんなじことを言う。若い子はもう」と嘆きました。
「隠し通すこともできるのに思いきって打ち明けたということは、大切な家族に自分のことをわかってほしいということだと思います。
　言いにくいことをよく話してくれたね。ありがとう。今まで大変だったね、苦しかったね。でも家族はあなたの味方だよ、そう言って抱きしめてあげてください」

　思いきって、そう申し上げました。
　パンツ一丁のままチブサまるだしで、熱く意見なんぞを申し上げました。
　すると女性は首を横に振りました。
「私はホモなんて絶対にやめてほしい、強い意思があればやめられると思ってる」

　じゃあ……と思ってこんなことを訊いてみました。
「じゃあ、あなたが明日から男性として生きなければならないことになったらどうします？
　強い意思を持って、男性になれますか？」

　すると女性は言いました。
「そうしろと言われればそうするよ。私ならもう大丈夫」
　そして顔を私の耳に近づけて、とても小さな声でカミングアウトしたのです。
「もうあがってるんだ」
　見れば、わかるよ！！

彼女を説得するには 10 年くらいかかりそうです。

　お孫さんが東大に入ったのは、自分が普通に結婚して親に孫を抱いてもらうことができないとわかっているからだと思います。
　せめて東大に入って良い仕事に就いて、ご両親と家族を安心させてあげようと思ったからだと思います。
　良いお孫さんじゃあないですか。
　いつかみんなが彼を理解してくれることを願いつつ、銭湯を後にしました。

　以上、「上がる」話でした。
　今日も気持ちを上げて気持ちよく過ごしましょう。

～～～～～～～～～～～～～～～～～～～～～～～～～～～

ダブルキン＋友　2020/10/28

　困ったことになりました。

　友人のお母様が施設で暮らすことに伴い、これまでお母様が暮らしていた家の不用品処分を手伝っています。
　友人は毎日のように作業に追われ……。
　昨日は扉の枠が歪んでしまって開かなくなった食器棚をどう処分するべきか悩んでいました。
「やはりどうしても開けられない、困った。とりあえずぐい呑みを 2 つ救出したよ」

こういう話を聞くと私の妄想スイッチがオンになります。

以下、妄想……。

　──救出されたぐい呑みたちを横目に、食器棚に残されたお皿やグラスや器たちがざわざわと話し始めます。

　いのいちばんに騒ぐのは薬味皿たち。ピーチクパーチク声高に「ぐい呑み一家が先に救出されるなんて信じられないわ。私たちはどうなるの？」と不満を表明。

　丼族が薬味皿たちを諭します。まぁ、まぁ、気長に待とうじゃないか。

　タンブラーたちは怖がって震えるばかり。「棚ごと我々も破壊されるわ、きっとそうなる。我々は主に麦茶を運ぶ係。最も使用率が高いのに重宝されず消費され続けてきた、だからわかるのよ！」と泣き叫びます。

　蕎麦猪口たちも黙ってはいません。なんせ、ぐい呑みと蕎麦猪口は大の仲良し。親戚と言っても過言ではありません。蕎麦猪口族はぐい呑みたちの情に訴求します。「俺たち仲間だろ？　そうだよな？　助けてくれよ」

　何も言わないのは茶碗たち。味噌汁のお碗も沈黙中。

　彼ら彼女らは長いものに巻かれる主義です。

　どの派閥が最も力を有しているのか、静かに窺っているのです。

　ワイングラスの貴族はこんな状況でもツンとしています。私たちが一番大切にされてきたのだもの。下々の民とは一線を画すのよ。ほほ──。

　もう一人お手伝いしている友人は、かつてお芝居の大道具を担っていました。

　なので作業効率が群を抜いて高いのです。

　一方、私は完全なる素人。

　そんな私にできることは……。

食器たちを説得して、まるくおさめることくらいかな……←まるで役に立たない人……。

　ひとり暮らしの母が病に倒れ、後遺症が残り、施設での暮らしを余儀なくされる。
　これは他人事ではありません。
　入居する施設を探すのも大変ですが、ようやく見つけて引っ越ししても今度はそれまで暮らしていた家をどうするかという問題に直面します。
　友人の場合は売却することにしました。
　よって中を綺麗にしなくてはならず、ひとりでは回らないので女友達同士で協力し合いせっせと片付けているのです。
　ハイエースをレンタカーで借りて、布団やら棚類を詰め込んではせっせとゴミ処理場に持ち運ぶ作業を繰り返す休日。
　親戚たちに頼むより、女友達に手伝いを頼む方が気楽なんですって。
　わかるわぁ。
　血より友。
　私も困ったときは即、女友達にSOSを発信します。
　姉妹よりも近しい女友達。
　とっても大切です。
　女は長生きするイキモノだから……。
　夫がいる人も、いずれは独身おひとりさまになる可能性が高いです。
　ひとりでは手が足りないとき、頼りになるのは友達です。
　加齢は過酷で残酷なもの。
　あっちが痛いだのこっちが動かないだの言い合って、一緒に笑い飛ばせる友がいれば心強いですよね。
「ダブルキン」というフレーズをご存知ですか。
　金（カネ）と筋肉のダブルキンです。
　よわいを重ねるほど必要になってくるものなので、若い時からせっせと貯金して筋トレもしておきましょうという考え方。

昨今、徐々に周知の事実となっています。

私はそこに「友」を追加することをおすすめします。

腐るほど金があっても腹筋が縦に割れていても、友がいなくちゃ人生やっぱり味気ないですよね。

今はなき左右8番を恨みます　2020/10/30

せっかちな性分なので、暦をめくるのも早いです。

今日は10月30日ですが、丸屋の暦はすべて11月になりました。

分厚かったカレンダーも残り二枚。

今年は新型コロナウイルスによる大打撃がありましたが、それでも月日の経過は早いように感じます。

東京の感染者、昨日は200人（＠東京）を超えました。

なんとか生き延びてきた飲食店も、ぎりぎりのところで踏ん張っているところがほとんどです。

3月から自分の給料がとれていない経営者もたくさんいます。

丸屋とか、丸屋とか、丸屋とか（3回言ってやるー！）

人生一寸先は闇。

難儀ですね。

でも先が見えないからこそ、我々は希望を抱くことができるのです。

昨夜はたくさんのお客様がいらっしゃいました。

満席御礼、回転付き。

どうもありがとうございます！

アキラさんはチャーミングでタフなモモ様とサシ呑みでした。

私の仕事がひと段落つくと、優しい声で（でもこわい顔で）「なっちゃん、ビール呑みなよ」とおっしゃってくださいます。

キリン一番搾りを遠慮なく開けて、ひさちゃんと一緒にいただきました。動き回っていて喉が乾いていたので、3秒で空っぽになりました。

美味！！

ごちそうさまです。いつもいつも大感謝！

ご常連さんのルイーザ女史と神主さんがおいでになりました。

実に楽しそうに食べて笑って呑んで、見ているだけで幸せになれます。

性格には難がありますが、見た目はハンサムな神主さん。

金色に塗装された雲海ボトルが奇跡的に入手できまして、神主さんのキープボトルを「金色」に変えたところ、すっかりご機嫌です。（金色の雲海ボトルは現在製造されていないので、希少品です）

神主さんとはかれこれ20年以上のお付き合いです。

ゆえに、お顔を見るとほっとします。

「いらっしゃいませ」とはしゃぐ私に向かって、神主さんは言いました。

「なんでニヤニヤしてるの？」

　↑

ね、性格に「難あり」でしょ？

嬉しくてニコニコしている私に向かって、「ニヤニヤしてる」だなんて！

失礼きわまりないわ。

でも不思議と憎めない神主さんです。

いつもご来店くださってありがとうございます！

　下の歯にかつて存在していた左右8番。
「親知らず」です。
　私の親知らずは埋没していました。
　姿を現さずに時間をかけてじわじわ自己主張をしていたのです。
　埋没したまま横に向かって伸びようとするので、歯全体が左右から
ぎゅうっと押され……。
　見た目にはわからないのですが、レントゲンで見ると全体が少し傾
いています。
　私の噛むチカラは強いし、噛みしめる癖もあるから、このまま噛ん
でいたら下の歯がボロボロになってしまう……。
　担当歯科医は言いました。
「矯正しましょう！」

　ざっと見積もって200万円！

　これまでジルコニアだの移植だのと歯には70万円ほどかけてきま
した。
　さらに200万円追加……。
　周囲の友人知人の話を聞いていると、「歯の疲れ」が出てくるのは
だいたい40代からです。
　老後のためにかけていた終身保険や貯蓄を解約したりなんだりして
かき集めればなりません。
　ああ、老後……どうしよう……。
　やはり手っ取り早く稼げるのは競馬ですね（これ、DNAだ）。

　奇しくも日曜日は天皇賞。
　矯正代を稼ぎます。

昼はバタバタ、夜はカッコーカッコー閑古鳥
2021/1/13

　年始から、ランチは忙しいですが夜はとてもひまです。

　2回目の緊急事態宣言が発令されましたが、当店は相変わらずです。

　父ミツカズはワンマン社長、母ひさちゃんは天然女王、そして私こと夏恵は2021年も I love me な若女将。

　若くないけど若女将でございます。

　パートの英子さんが休業することになってしまい、ランチタイムは一瞬で終わるようになりました。

　わぁっと始まって、バタバタバタバタ動き回って、流し込む勢いでまかないを食べるともう15時。

　時刻に気づかず夜の準備をしていると、ミツカズ（父）の罵声が響きます。

「準備中の看板だしてよっ！」

　おお、もうこんな時間か！　と驚きながら、準備中の札を出してランチは終了。

　ふぅっ。

　夜はなが━━━━いです。

　昨夜はご常連さん2組がおいでになりました。

　合計人数は……3名様！！

　アキラさんはひとり呑みでした。

　ごちそうになったビールで喉を潤わすのは大女将のひさちゃんと若女将の夏恵でございます。

いつもありがとうございます。

寒いですが、エアコンディショナーで空気が乾燥しているから冷たいビールの喉越しが最高に気持ちいい！！

アキラさんはお刺身と出汁巻玉子で焼酎をお呑みになっていましたが、やがて珍しくぬる燗をご所望。

岩手の地酒「月の輪」をお出しすると、あらら。

母娘してまたしてもご相伴に預かることになってしまいました。

寒い夜のぬる燗、しみますなぁ。

アキラさんは石油ストーブを愛用しています。

ストーブの上で燗をつけ、ちょっとした料理をこしらえて、本でもお読みになりながら燗酒をちびちび楽しんでおられるのでしょう。

やがて二匹の猫がやってきて、二匹でアキラさんに乗っかります。

あったかいだろうな。

でも二匹だとちょっと重たいかしら。

ストーブと猫と燗酒。

それがアキラさんの冬。

なんだろう、すごくゆたか。

いいなぁ。

出入り口に近い一番テーブルには、ご近所にお住まいのご常連さんがご夫婦でディナータイム。

アキラさんと同様、猫と暮らしておられます。

アキラさんが猫の話をすると、「うちにも猫がいるんです、何歳ですか」「ハタチです」「それはすごい」「うちは７歳です」などと和やかな会話が弾みました。

ひまでしたけど、あたたかい雰囲気で包まれた丸屋はとても居心地よかったです。

ああ、つくづくいい店だ。

なくしてはいけない。

なんてことを思う経営者。

すこしは謙遜しろよって感じですが、もともとが能天気な性分なんです。

素敵なご常連さんがいるってことは、経営陣もスタッフも素敵ってことなんです。

ああ、これぞ本当の手前味噌。

そんな自分が大好きです。

～～～～～～～～～～

ラビットレストラン　2021/1/19

昨夜。

緊急事態宣言が発出されてから、一番忙しい夜になりました。

お客様がなんと！

5組！

合計人数は10名様！

忙しい忙しいと動きながら、はっとしました。

ひと昔前は30名のお客様に対し、私ひとりでホール対応をしてました。

新型コロナウイルスが我々のコントロール下におかれれば、きっと呑みに来られる方は増えるでしょう。

10名様で「わ～、大変だ～」という状態に陥っていて、この先大丈夫なんだろうか？

なんてことを思いつつも、久々に賑わう夜を堪能しました。

どうもありがとうございます。

朝の仕込み中、ラジオを聞いています。

家でもテレビより、ラジオをつけることが多いです。

小学生のとき、私はラジオパーソナリティーになるのが夢でした。

で、お年玉で四角いラジカセを買いました。

自分の番組を自分で制作し、「録音」するためです。

その番組は、ずいぶん長いこと「放送」されました。

番組名は「ラビットレストラン」。

こっぱずかしい。

　自分の好きな音楽だけではなく、季節に合った音楽をかけたり、読者からいただいたハガキを読んでその内容に添うような曲を選びました。

　全てが自作自演ですから、ハガキを書くのも自分です。

　授業中にこっそり書いたものでした。

「ラビットさん（←私の芸名です）、はじめまして。いつも楽しく聴いています」と書いてあると（書いたのは私ですが）、「はじめまして、わぁ、いつも聴いてくださってるんですか？　嬉しい！　ありがとうございます」などと、きちんと挨拶したものでした。

　ハガキをくださる常連さんもいました。

　常連さんのニックネームはニョロニョロさん。

「ニョロニョロさん、毎度ありがとうございます」

　私はフレンドリーな声のトーンで話しかけます。

　ニョロニョロさんは友達や兄弟と喧嘩したことや、担任の先生についてちょっとちがうんじゃないかと思ったことをよく書いてきてくださる方で（だから書いたのは私なんですけどね……）、私は感想を述べてからニョロニョロさんの相談や質問の内容に合った曲を選んでお届けしました。

　喧嘩しちゃった、ホントは仲直りしたいんだ、という内容のときは、

シカゴの Hard To Say I'm Sorry をかけてみたり。

　ニョロニョロさんのご両親は基本的には仲良しなのですが、よく喧嘩もします。

　そんなとき、ニョロニョロさんはものすごく悲しくなります。

　すると私は Peaches and herb の Reunited を流します。

　そういった曲を仕入れるのもラジオからでした。

　音楽がかかると曲名と歌手名をメモして、録音します。

　生放送のオンエア中なのに、母ひさちゃんは仕事から帰ってくるやいなや玄関で大きな声で叫ぶのです。

「なつえー、あとでヤマザキ行って食パン買ってきてくれない？」

　！！！！

　まさかの放送事故……。

　あの頃は忙しかったなぁ。

　バレないようにこそこそ「放送」していましたし。

　今ではすっかり酒の肴。

　録音したカセットテープがあればもっと笑えるのですが、持っていることに耐えられなくなり（恥ずかしくて）処分してしまいました。

　時々ふと思うのです。

　こうして毎日ブログを更新できるのは、あの頃つちかった「ものづくり」の名残かもしれないな、と。

　何かを発信することが好きなのですね。

　なんせ私は昔から I love me。

　自分が打った蕎麦を自分で食べるのも大好きです。

　そして打って売るのも大好きです。

　打った蕎麦は売ります。

　そのために、今日も全身全霊で努めます。

　みなさま、蕎麦を召し上がれ。

愛の感染拡大　2021/1/20

してやられたわっ！
夕べは友人が呑みに来てくれました。
彼からのご予約のときは基本的に「ひとり呑み」です。
だからてっきりお一人さまかと思いきや……。
美女をお連れでした。
しかもその美女も私の友人で……！

　要するに二人とも私の友人ですが、別ルートの友だったのです。

「彼女と私＝友達」
「彼と私＝友達」

　それがいつの間にかおんなじ土俵に乗っていて、「私たち＝友達」
になっていました。
　愛の感染拡大よ。
　なんと嬉しいサプライズでしょう。

　忙しくはなかったのですが、私が仕事している間もお二人の楽しそ
うな話し声が聞こえてきます。
　当然耳はダンボ！　でも、何の話をしているのかまでは聞き取れま
せん。
　爽快な笑い声が何度も何度も聞こえてきました。
　ああ、とってもいい気持ち。
　楽しいひとときってこんなふうに溢れ出ちゃうのね。
　二人の笑い声が１つに重なると、言葉にできないくらい美しいハー
モニーが生まれます。

いいなぁ。ずっと聴いていたい。

　笑い声に気持ちよく包まれていたら、不意にジョルジュ・サンドの言葉が脳裏に浮かびました。

　　愛せよ　人生においてよきことはそれだけである

　思えば。

　丸屋で知り合って仲良くなったご常連さんたちが当店にはたくさんいます。

　コロナ禍の影響で夜は「ひとり呑み」が主流となりましたが、うちに来ると丸屋友達に遭遇するので、となりのテーブルに移動して楽しくおしゃべりしながら飲み食いするパターンがよく見られます。

　これも愛の感染拡大です。

　売上は最安値を更新中ですが、お客様同士のあたたかい交流があれば店は絶対に持ちこたえられます。

　忘れちゃいけないのは感謝の気持ちを持ち続けることです。

　そしてもう１つ。

　打った蕎麦は必死に売る！

　今日もおいしい蕎麦を打ちました。

　蕎麦は長寿食でございます。

　みなさま、今日も私のそばで蕎麦を召し上がれ。

オレが決める！

　出勤すると、店の前にご予約のお客様（6名様）が立っていた。開くのを待っている様子だ。時刻は17時。開店まで30分もある。女将のひさちゃんが来るのが17時15分なので、お客様にドリンクとお通しはすぐに出せるがお料理は少し待って下さいとお願いし、テーブルまでご案内した。

　店主のミツカズは最初はにこやかに応対していたが、お客様が「先に注文だけしておくね」と言って大量発注して下さった瞬間、パニックに陥った。女将が手順を指示しないと、何から手をつけていいのか分からず混乱するのだ。「まだ開店前だから、料理はお時間頂くとお客様に伝えてあります。ゆっくりで大丈夫です」とわたしが言うと、ミツカズは突然怒鳴った。「ゆっくりで大丈夫かどうかはオレが決める！！」

　店内に響く大声。驚くお客様。長きにわたり当店をご利用くださっている大切なお客様だ。ミツカズは厨房で「お母さん遅い、遅すぎる」と激怒しながら刺身を並べている。（注・お母さんとは妻であり女将でもあるひさちゃんのこと）

　その声がホールまで丸聞こえであることを、本人は気にしない。

　待ちに待ったひさちゃんが現れた。が、間の悪いことに、店に入る直前ご近所さんにに呼び止められた。にこやかにスモールトークを交わす2人。するとミツカズは外に飛び出して大声で怒鳴った。ひさちゃんだけでなく、ご近所さんに対しても怒鳴った。「ぺちゃくちゃ話してないで仕事しろ！遅いぞ！」

　手を洗い、大急ぎで段取りを開始するひさちゃんにミツカズはしつ

こく言う。「ねぇ、なんでこんなに遅く来るんだよっ！もっと早く来ないとダメだ」　ミツカズはそう何度も言った。何度も、何度も。穏和なひさちゃんはついに逆上した！「ちっとも遅くないわよ、それにさっきの態度はなに？　ご近所さんに対して失礼すぎる」するとミツカズはありったけの声をあげて叫んだ。

「コロナで売上が悪いんだから早めには開けなきゃだめだ。それくらい分かるだろう！」

　当店の準備時間は 15 時から 17 時半だ。ミツカズは休憩しているが、ひさちゃんには休む暇がない。朝干した洗濯物を取り込んで畳んで仕舞い、お風呂を掃除してから夕餉の買い物をして支度もする。17 時 10 分に家を出て、17 時 15 分に来るのがギリギリだ。17 時に開けるとなると、16 時 45 分には店にいないといけない。無理な話である。「そんなの絶対に無理よっ」とひさちゃんが言うと、ミツカズは声を荒げた。

「無理かどうかはオレが決める！」

　その声を聞いたお客様の代表者は、わたしのもとへ来て頭を下げた。

「早く来ちゃってごめんなさい」

古今亭菊千代お姐さまの「お見立て」
2021/2/1

日曜日は菊千代お姐さまの落語でございました。

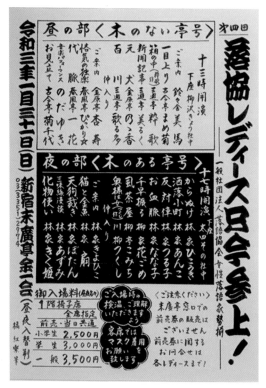

場所は新宿末廣亭。

　入念なる手入れが施され、昔から変わらぬ風情を保っている場所です。

　木のぬくもり。独特の香り。趣。

　昨日は女子会でございました。

女性の噺家さん勢揃いの日だったのです。

みなさまとてもお上手で、飽くことなく聞き入っておりました。

で、〆。

我らが菊千代お姐さまです。

いやはや、すごかった！

世界がガラリと変わりました。

これまでは「噺」を聞いているといった感じでしたが、菊千代お姐さまの「噺」が始まると、私は江戸時代の吉原遊郭へと瞬間移動したのです。

題目は「お見立て」、古典落語です。

登場人物は三人。

1 花魁の喜瀬川

2 花魁に心酔する田舎物の杢兵衛（もくべえ）

3 若い衆の喜助

杢兵衛は花魁の喜瀬川に会いたくて、久々に田舎から吉原までやってきます。

ところが花魁は杢兵衛が大きらい。

虫唾が走るほどイヤなのです。

花魁は若い衆の喜助に「具合が悪いからとかなんとか言って、追い返しておくれよ」とお願いします。

喜助は言われた通りにしましたが、「それなら見舞いに行く」と言って杢兵衛は諦めません。

それを知った花魁は「めんどうくさいね、じゃあ私が死んだとでも言っておくれ」と喜助に提案します。

喜助は仕方なしに言いました。

「花魁は杢兵衛を想って想って想って、それでも会いに来てくれないから恋い焦がれながら死にました。焦がれ死にです」

そう言うと、杢兵衛は絶叫しながら大号泣！

やがて「墓はどこだ？」と聞かれたので、喜助は「山谷です」と答

えます。
　杢兵衛は言います。
「山谷なら目と鼻の先ではないか、おらは今から花魁の墓参りに行く！　喜助殿、案内を頼む」

　！！

　さてどうしたものか。
　喜助は再び花魁に相談にあがりました。
「山谷にはたくさんの寺があるだろう？　適当なものを選んでこれですって言えばいいんだよ。
　戒名なんて大量の花で覆って、線香の煙をもくもくさせれば見えやしないよ」

　場面は山谷の寺。
　喜助が案内した墓の前に立つ杢兵衛。
　泣きながらおがみます。
「花魁、ごめんよ〜。もっと早く逢いに行ってやればよかったー（号泣！）」
　ところが杢兵衛は戒名に気づきます。
　お墓は天保三年生まれの男の墓でした。

　喜助は「すみません間違えました、こっちですこっちこっち」と別の墓を案内します。
　ところがそこの墓は３歳でなくなった女の子の墓でした。

「あれ、こっちだったらかしら」喜助はまた別の墓を指差しますが、そこには陸軍歩兵上等兵と書かれていて……。

　ええい、こうなったらもう！

喜助は言いました。

「お墓はたくさんありますから、お見立てください」
（お見立てとは、遊郭などで女の子を選んでくださいというときに用
いられる言葉）

　お話なさっているのは菊千代お姐さまお一人でしたが、私には三人
の登場人物がはっきりと見えました。
　感激！
　噺ってすごい。本当にすごいです。
　わ〜♪

　菊千代お姐さま、どうもありがとうございました。
　笑って笑って、ときにはしんみり。
　噺でこんなにも世界が広がるだなんて。

　落語はわが国の文化。本当に奥深いです。
　そして、ゆたか。
　蕎麦もわが国の文化ですね。
　さらにゆたかなものにしてゆく任務が私にある、と。
　そう自分を鼓舞し、日々元気に商っております。
　さあ、今日も打ったら売りますよ。
　初台丸屋、お稼ぎよ〜。

R18 画伯が出ました　2021/2/19

　義母のキヨコさんが暮らしている施設から電話がありました。
キヨコさんがお風呂に入らず難儀していると言うのです。
困り果てた職員さんからのSOSコールでした。

　詳細を窺うと、「家の風呂に入るんだ！　ここでは入らない！」の
一点張り。
　感染が起こるといけないので、私は今、グループホームの中には入
れません。
　なのでキヨコさんに手紙を書くことにしました。
　実はキヨコさん、過去に私が書いた手紙をいつも持ち歩いて読んで
いるそうなのです。
　ゆえに、お風呂に入るよう書いておけばもしかしたら効果があるか
もしれません。
　キヨコさんがお風呂を拒否してから3週間が経過。
　職員さんが毎日身体を拭いてくださっているので清潔感は保たれて
いるそうですが、これは由々しき問題ですよね。
「ちゃんとお風呂に入ってね」とキヨコさんに言ってみたら、きっぱ
りとこう言われました。

「毎日入ってるよ、決まってるじゃないか！　アンタ何言ってるんだ
よ！！」

　夕べ、私はキヨコさんに手紙を書きました。
　久しぶりにペンを握ったら、夏恵の中の画伯が突如目覚めたので
す！！
　絵心あふれる一枚を仕上げました。

ハイグーシャに見せた
ら、びっくりしていまし
た。
「に、似てる！」
　一見下手に見えるけど、
実は私天才です。
　やるな、私。
　もちろん愛にあふれた
手紙も書きました。

　キヨコさんは美人で聡
明な女性ですが、自己主
張が鉄のように強いです。
　そして自分の主張を受
け入れない人には鬼のよ
うに厳しくあたります。

　私が出会ったときは認知症のかわいいおばあちゃんと化していたの
ですぐに仲良くなれましたが……。
　現役の頃に出会っていたら似た者同士で対立していただろうと思い
ます。
　女が蕎麦屋を継ぐ、夫婦別姓、夫婦別居。
　そんな生き方を彼女は絶対に許さないだろうし、私は私で「私の人
生なんだから、キヨコさんの許可なんて必要ない」という意思を表明
するだろうから、こりゃあ大変だ！ってやつです。

　認知症というのはもしかしたら、いろいろなややこしい問題をゆる
んとたるませて、みんなが仲良くなれる魔法なのかもしれませんね。

寒い日には丸屋の蕎麦を　　2021/3/8

緊急事態宣言が延長となりました。

街の空気が心なしか重たく感じます。

そういえば、もうずいぶん長いこと旅をしていません。

飛行機に乗りたい！

その気持ちが日々高まっています。

WiFi で航空無線を聴けるようになったので、機内の WiFi に繋げれば自分が乗っている飛行機の管制を聴きながらフライトできます。

楽しいに決まってますよね。

これがしたくてうずうず、うずうず。

目指すはエアバス 380 のファーストクラス！

アマゾンのプライムビデオでハイグーシャと一緒に映画版「セックスアンドザシティ 2」を観ました。

ほんの 5 分ほどですが、エアバス 380 のファーストクラスを再現した場面があります。

そこを何度も観ては「いいな〜」とため息をついていました。

ところで「セックスアンドザシティ」。

女性なら観たことがある人が多いのではないでしょうか。

ニューヨークに暮らす四人の妙齢女性をコミカルに描いたドラマです。

都会に生きる女たちの本音と恋愛事情が赤裸々に語られていて、「えげつない」と思いながらも笑ってしまいます。

とても面白い作品。

セックスアンドザシティをハイグーシャは知らなかったので、私が

ざっと説明してからエアバス 380 の場面を探して再生すると……

ハイグーシャはおののきました。

四人の妙齢の女性ってこの人たち？

わたしもテレビ画面を見て、ちょっとびっくりしました。

ドラマが始まった頃は若くておしゃれで都会的な女性たちだったのですが……。

あまりに人気が出てロングシリーズになったから……。

みんな年をとりました。

エアバス 380 のファーストクラスはこちらです。

中東の航空会社「エミレーツ航空」のファーストクラスがモデルになっています。

ゴールドを基調としたインテリアは……。

なんというかもう、下品なほどに豪華！

「すごすぎる！　最初に住んだアパートより広い！！」というセリフが印象的でした。

金の個室。

快適に眠れそうです。

シャワーもあるし……。

バーもあるし……。

最高ですね。

コロナが明けたら一生懸命働いて絶対に乗ります。

そう決めたら、それだけで幸せな気持ちになりました。

　小さな喜びをこつこつ貯めて、コロナ禍の重たい空気をシュッと切り裂くわ。

　苦しいときほど笑顔を作り、蕎麦を打ち、

　打ったら売る！

　草木に太陽、花に水。

　そして寒い日には丸屋の蕎麦を。

　昔からそう言われています。^(注1)

　みなさま、先人の教えはしかと守りましょう。

（注1）ごめんなさい。話を作っちゃった。

あの日から 10 年　2021/3/11

　東日本大震災から 10 年が経ちました。

　悲しみを乗り越えようと前進に努めている人もいれば、時間ととも
に悲しみが増してしまってどうにもならない人もいます。

　いろんな思いがあると思いますが、生き残った人たちが抱えている
共通の思いは「あの時、自分がこうしていたら……」です。

　消せない「たられば」との闘い。

「あの時、妻に買い物を頼まなければ……」「あの日、学校を休ませ
ていたら……」「もっと早く避難していれば……」

「たられば」にとらわれていることがいかに非建設的かは誰もがわか
っています。

　でも……。

　そして 10 年。

　私の中では地震に関する意識に大きな変化が生じました。

「地震がきたらいやだなぁ」という気持ちが、今は「地震はくる」と
確信しながら暮らしています。

　箪笥や棚に転倒防止器具をつけるのが面倒だったので、物を大量に
捨てました。

　マンションについている収納庫に入らないものは捨てる、持たない、
をあの頃から徹底しています。

　食料や携帯トイレ、水、電池、ラジオ、寝袋などの備えも、定期的
にチェックするようになりました。

　水や食料の賞味期限切れがないように心がけています。

　外出時には笛を持ち歩きます。

　何かの下敷きになっても万が一生きていたら、「生きてます」サイ

ンを笛で奏でてみようか、と。

　10年前の今日。
　丸屋夜の部はありえないほど混みました。
　帰宅できないご常連さんたちと、帰宅途中にお腹がすいてコンビニ
エンスストアに寄っても食べ物が得られなかった人たちでごった返し
たのです。
　甲州街道は人、人、人！
　コンビニエンスストアの食べ物棚は空っぽ。
　数えきれないほどの余震もありました。

　そして10年後の今は……。

　まさかのコロナ禍です。
　良くも悪くも、人生一寸先は闇。

「明日世界が終わりになろうとも、私はりんごの木を植える」
　こんな前向きなことを言った人がいましたので（マルチン・ルター
だっけ？）、私も水耕栽培を始めました。

　アボカドです。
　実ったら、わさび醤油でいただきます。
　うふ！
　りんごよりアボカドよね。

　明日世界が終わりになりませんように。
　だって明日はハナキンだもの。
　たくさん蕎麦を打ち、そして売ります。
　明日世界が終わりになろうとも、打った蕎麦は売りますよ。
　だって私はソバヤです。

毎月の2つのお楽しみ　2021/3/30

毎月、2つのお楽しみがあります。

1つ目は購読しているイカロス出版の「AIRLINE」が届くこと。

2つ目はアキラさんのコラムが届くことです。

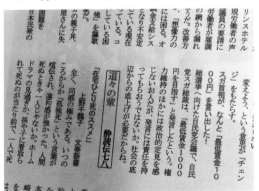

アキラさんは、上野千鶴子さんの『在宅ひとり死のススメ』の書評を書いていました。

　嬉しいです。果てしなく上がってゆく我がテンション。

　上野千鶴子氏と津田梅子氏は私の師匠だもの。

　アキラさんは「在宅ひとり死」について「全く、同感の極み」と書いていました。

　私もです。

「孤独死はだめ」という風潮に私はずっと違和感を抱いていて、一度知人に「私はひとりで部屋で死んでいきたい、孤独死がいい！」と話したら「現実が全くわかってないよね、それがどんなに辛いことか！」と全否定されてしまいました。

「孤独死させてしまったって周囲も悲しむよ」とも言われました。

　それ以来、私は近しい友人知人家族には「孤独死したい」アピールをし続けています。

　私が孤独死したときに「願いがかなってよかったね」と思ってもらうためです。

　もっと言えば、お通夜も告別式もやめてほしいです。

　ウエルダンの私の骨をみんなで箸でつまんでまわすなんて冗談じゃないわ。

　海にまいてください。できれば飛行機が見えるところがいいです。

　お香典なんかもいりません。

　お金をくれるなら生きてるときがいいに決まってるでしょ！

　死ぬ前にちょっと元気が残っていたら、自分が一番おもしろく撮れている写真をピックアップして「お先に！」ってマッキーで書いておくので、それを見ながらワインとか日本酒とか呑んで笑ってほしいです。

　だって最後はみんな死ぬんだから。

　ちょっとした時差があるだけよ。

　私が死んだら、私をネタにして笑ってほしい。

　そんな人生になるよう、努めます。

サノスケさんは丸屋の家族です　2021/4/6

　春休みだった姪っ子ちゃんが毎日店に来ていましたが、今日から学校が始まりました。

　開店前の細々とした支度を積極的に手伝ってくれたのでずいぶんと楽でした。

　今日からは自分たちだけでやらなくてはならないので大変です。

　姪っ子ちゃんは今日から小学校三年生！

　担任の先生が変わって、クラスも変わって……。

　8歳の女の子にとっては大きな大きな変化です。

　昨日はランチにサノスケさんが来てくれました。

　姪っ子ちゃんはお水を出したり、蕎麦湯を出したり、サノスケさんには「接客」をします。

　するとサノスケさんは姪っ子ちゃんに、シャトレーゼのお菓子をプレゼントしてくださいました。

　姪っ子ちゃん、大歓喜！

　帰り際は外まで出て行き、サノスケさんが角を曲がるまで手を振っていました。

　私にそっと「あのお兄さん、優しいね」と言うので、その言葉をそのままサノスケさんにメールすると……。

　サノスケさんは「お兄さん」という言葉にとても感動していました。

　昭和39年生まれのサノスケさんは、もう「お兄さん」と呼ばれる年齢ではないのよね。

　でもおじさんの雰囲気が全くありません。

　子供って雰囲気で人を判断するから、サノスケさんは「お兄さん」なのでしょう。

　頻繁にご来店くださって、8歳の女子を手なづけて……。

こういう展開になるとクランキーさんなら「光源氏と紫の上」を思うかもしれません。
　でもサノスケさんは熟女が好きです。
　サノスケさんが丸屋に頻繁にいらしてくださる理由は、女将のひさちゃん目当てなのです！（きっぱり）
　ひさちゃんとサノスケさんが再婚したら楽しいな。
　そしたら私、サノスケさんのこと「父上」って呼びます。

　父ミツカズの居場所はこれいかに。

〰〰〰〰〰〰〰〰〰〰〰〰〰〰〰〰〰〰〰〰

夏惠流「源氏物語」　2021/4/7

　前回、少し光源氏について触れました。
　源氏物語は何度読んでもすこぶる面白いです。
　そして読むたびに光源氏が嫌いになります。
　もしも私が光源氏の女達の一人だったら、絶対にちょん切ってやるわ。
　でも光源氏は私みたいなタイプを選びません。
　藤壺、葵の上、六条御息所、夕顔、空蝉、明石の君、紫の上……。
　聡明で謙虚。決して出しゃばらない女人たちばかりです。
　異色なのが朧月夜。彼女は奔放で明るく、夫がいるのに光源氏に夢中になります。
　やがて夫に光源氏のことがばれてしまい、光源氏は地方へ更迭。
　そこで明石の君と出会います。
　朧月夜は光源氏を明石の君へと導くための穴だったのね（穴って言うな！）。

光源氏が遠くに行ってしまうと、朧月夜はあらためて自分に惚れきっている夫と向き合い、「まあ、これはこれでいいか、優しいしね」なんて思うのです。いいね、この子。あっぱれな性分だわ。

　明石の君は、川嶋紀子を彷彿とさせます。

　貧しい家で育ったけれど、いつなんどきのしあがる機会がきてもいいように教養をしっかり身につけていました。

　そして光源氏を獲得して男の子を産みます。ね、まるで紀子でしょ？

　光源氏が都へ帰る時がきました。

　光源氏は明石の君と息子を置いて帰りますが、あとから城へ呼び寄せます。

　城には紫の上がいます。

　紫の上は事実上光源氏の妻ですが、立場は「側室」です。

　側室の立場で子供もできず、不安を抱きながら暮らしています。

（光源氏の正妻は実の兄の娘です）

　そんな折、光源氏の息子を産んだ明石の君が城へ迎えられます。

　光源氏は明石の君が産んだ息子を紫の上に育てさせます。

　すごい展開ですよね。

　光源氏、よく殺されなかったよね？

　光源氏は嫌いですが、源氏物語はおもしろくて仕方ありません。

　紫式部、こじらせているなぁ。

（こじらせているゆえ物を書くのか……）

　一番面白い女性は六条の御息所ですが、それはまた別の機会に。

最後の自由な金曜日　2021/4/9

昨日の夕方、初台は雷雨でした。
バケツをひっくり返したような雨。
そんな中、お客様が続々といらっしゃるのです。
びしょ濡れカスタマーズ、ようこそ丸屋へ！
乾杯のビールがなくなる頃、外がしんと静かになりました。

雨、やんでる。

夜空を見上げていると、雲の中から一筋の青い光が降りてきました。
次の瞬間爆発音が響き渡り、ドン！
どこかの避雷針に雷様が君臨しました。
激しい夜です。
でも店の中に戻ればたくさんのご常連さんに囲まれて、心がぬくぬく温まります。
　昨夜はご予約０にもかかわらず、たくさんのお客様がおいでくださいました。
　本当に本当に感謝いたします。
　来週からは「まん延防止等重点措置」の適用が開始されるようなので、自由な金曜日は今日で（当面の間は）最後です。
　丸屋で楽しい夜をともに過ごしませんか。
　みなさまからのラブメール、ラブライン、ラブコールを首をなが〜〜〜くしてお待ちしております。

　先日、昭島にある「アウトドアヴィレッジ」へ行ってきました。
　そのとき一目惚れしたランタンです。
　テント内の上部にひっかけて使うのですが、部屋で使っても灯りの

加減が良い雰囲気をかもしだします。

　停電のときにも役立ちますね。

　レトロなルックスをしているくせに、灯りは充電式のリチウム電池です。

　ランタンの灯りに照らされて「つもりワイン」を楽しみました。

　つもりワインとは、ワイングラスで烏龍茶を飲むことです。

　平日家では呑まないと決めているので、「つもりワイン」。

　今は外に呑みに行かれないので、「つもり居酒屋貯金」もしています。

　居酒屋に行ったら5000～10000円くらいかかるだろうなと想定して、土日で10000円～20000円の貯金なり。

　コロナ騒ぎももう一年になります。

　コロナは店の売上を激減させましたが、呑みに行けないので個人の貯金は増えました。

　今までどれだけ呑んでいたのでしょうかね。

　では、今日も笑顔で働きます。

にっちもさっちもドラえもん　2021/4/20

「新型コロナウィルス感染症まん延防止等重点措置」が始まりました。
　ドリンクと食事のラストオーダーは 19 時です。そして閉店は 20 時。
　次々とお客様がお見えになり、あっという間に満席となりました。
　注文などの御用聞きやドリンク作りに追われていると……。
「あ、もう 19 時だ！」という感じ。
　あっという間です。

　この措置は 5/11 まで継続します。
　違反すると 20 万円以下の過料が課せられてしまうので……。
　いい子にします！
　ご協力のほど、お願いいたします。

　トシローさんが美しい女性二人とともにご来店くださいました。
　浮間舟渡という所で料理店を営んでいる女性陣です。屋号は「けい」。
　私も一度お邪魔しました。
　親子で営業されていて、母も娘も美しく、そして「大」が何個もついちゃうほどの酒豪です。
　昨夜も 3 名さまで麒麟山 10 合を一瞬で呑み干しました。
　当然一升だけで足りるはずはなく、次は吉乃川へ。
　合計で 14 合、完飲です！！
　私もご相伴に預かりました。
　ごちそうさまでした。いつもありがとうございます。
　同業者さんをお迎えするのはとても緊張します。
　意図しなくてもいろいろなことが「見える」プロフェッショナルなので、ごまかしがききません。

緊張しましたが、お二人のきらきらした美しい笑顔を見ながら日本酒をいただいているとだんだん楽しくなってきちゃいました。

　お二人が営む「けい」さんでは何を食べても頬がとろけるくらいおいしくて、それはもう至福のひとときでした。
　お店の雰囲気もあたたかく、居心地も抜群。
　そんな素敵なお店を営むお二人が丸屋にいらしてくださって、感激しました。
　トシローさん、つなげてくださってありがとうございます。
　ただただ、感謝。

　過ぎてしまいましたが、4/8はブッダの誕生日でした。
「灌仏会（かんぶつえ）」とか「花まつり」などと呼ばれています。
　甘茶を呑んだり、甘茶をブッダの像にかけたりします。
　甘茶はヤマアジサイの仲間の「アマチャ」の葉から作られます。
　若葉を摘んで天日干しにし、水をかけて発酵させるのだそう。
　すると砂糖の1000倍の甘さになるのだとか……。
　イエスの誕生日と比べると地味ですが、ブッダの「機能」で一つ羨ましいことがあります。
　アウトドアショップへ行ったとき、さまざまなランタンを手にしていると店員さんが言いました。
「ヘッドライトもあると便利ですよ。夜テントを直したりするとき、両手が使えます」
　なるほど。
　ヘッドライトも便利だけど、後光を放つことができればもっと便利ですよね。
　後光と言えばブッダ。
　思えばブッダは家を捨てました。
　アウトドアの達人です。

後光を辞書でひいてみて、驚きました。
　後光はブッダだけの特権ではなかったのです。
「仏様だけではなく、立派な人物の背後から聖なる光が発せられるように見える様」

　立派な人物になれば後光が手に入るのですね。
　夏恵、あと一歩だ！　努めて励みます。

　ドラえもんグッズで欲しいものは何ですか？
　ランキングが発表されている記事がありました。
　一位はやはり「どこでもドア」。ダントツです。
　では、いくらなら買いますか？
　値をつけてみると平均 1200 万円でした。
　みんなお金持ちね。
　私には払えません。高すぎます。
　じゃあタケコプターは？　と探してみたら 20 万円でした。
　20 万円か。
　風の谷のナウシカが乗っているメーヴェが 20 万円ならば即買いますが、タケコプターはなぁ……。
　悩みます。

　なぜ私がそんなことばかり考えているかと言うと……。
　緊急事態宣言が発令されるかもしれないからです。
　感染は抑え込まないといけないけど、商いも大事。
　にっちもさっちもいかないとき、私の頭の中には必ずドラえもんがやってきます。

　ちなみにドラえもんグッズの最安値はアンキパンです。
　アンキパンは見た目は普通の食パンですが、教科書にぎゅうっと押

し付けると教科書の内容が食パンに移動します。
　その食パンを食べることで書かれた内容を全て暗記できるのです。
　８万円だそうです。どうする？　司法試験でも受けますか？

　頭の中のドラえもんは、試験前に部屋を大掃除するアレと同じです。
　現実逃避。
　愛しいクランキーさんも来月になったら宮城に帰っちゃうし、少し
くらい現実逃避してもいいよね。
　というわけで、ドラえもんと楽しく逃避しております。
　今宵は予約もありません。

　でも空を見上げればいい天気。
　初夏の匂いが漂っています。
　今日も笑顔でいい日にしてゆきましょう。

～～～～～～～～～～～～～～～～～～～～～～～～～

福の神　2021/4/21

　夕方さくぴーからラブメールが届きました。
「今宵は丸屋でひとり呑み。大丈夫かな？」
　大丈夫に決まってます。嬉し過ぎます。
　アキラさんからもラブメールが届きました。
「爺さん一人入れますかね」
　爺さん、大歓迎！
　ありがとうございます。
「爺さん」には全然見えないけど、アキラさんのよわいは 73。

来月 74 になります。

年齢的には確かに爺さんね。でも見た目は若いです。

60 歳と言われたら「ああ、そうなんだ」って納得しちゃう。

酒と山と書を愛するアキラさん。

2 回の結婚と離婚を経て、今は猫二匹と甘い生活を満喫中。

アキラさんはコロナで苦しむ丸屋をずっと支えてくれています。

こわい顔して優しいアキラさん。

「なっちゃん、日本酒呑みなよ」といつも日本酒をふるまってください

ます。

そう、私のけがれた心に必要なのはアルコール消毒。

呑んで呑んで楽しく呑んで、今日はクリーンな体で朝を迎えました。

アキラさん、ごちそうさまです。

いつもありがとうございます。

昨夜、さくぴーが食したものを発表します。

エビスビール 1 本

たけのこの煮付け

大穴子 1 本（天ぷら）

お新香の盛り合わせ

月の輪（純米酒）発注数は 2 合（だけど私が升になみなみと盛り

こぼしたので、呑んだ量は 4 合）

かつ煮

板わさ

もりそば

最後に蕎麦湯とそば茶

細い体でこれだけぺろっと平らげるのです。

しかもメニューを見ている段階からニコニコニコニコ嬉しそう。

「わくわく感」ダダ漏れのさくぴーです。少年にしか見えないけどよわいは 57。

　来月は 58。実は大人です。

　料理をお持ちしたときの至福に満ちた顔。

　食べてるときはもう大歓喜。はじけています。

　帰宅するとさくぴーからメールが届いていました。

「味というか、もう虹でも見ているようなおいしさでした。アナゴは焼きたてのケーキみたいであまーい味わいにやられてしまいました」

　わぁ、嬉しい。虹ですって。

　詩のような言葉たちに感動です。

　さくぴーもコロナ苦の丸屋をずっと支えてくれているんです。

　心より感謝。

　気づけば店は満席で……。

　アキラさんとさくぴーは実は福の神なのかもしれないなと、そんなことを思った夜でした。

夜、休業します／
古今亭菊千代お姐さま再びお見えに
2021/4/26

　ひんやりとした朝ですがいい天気！

　陽光降り注ぐ新緑が青々と燃えています。

　散策したり旅に出たくなりますが……。

　3回目の緊急事態宣言となりました。

　ぐっと我慢。

　酒類提供を禁じられたため、丸屋は夜の営業を諦めます。

　休みたくはないのですが、開店休業状態になることは明白。

　仕方ありません。

　苦しいですが、うちはランチに毎日たくさんのお客様がいらっしゃ
います。

　恵まれているほうだと思います。

　今後も笑顔を忘れずに努めます。

　よいと思ったことはどんどん取り入れて、お客様に安心していただ
けるよう取り組みます。

　ウイルス分解装置も導入しました。

　二酸化炭素測量機も取り付けました。

　アクリル板の数も増やしました。

　アルコール消毒液もたっぷり使って徹底的に消毒しています。

　今週も昼の丸屋をどうぞよろしくお願いいたします。

　嬉しいことに、噺家の菊千代お姐さまが再びお見えになりました。

　先だって新宿の末廣亭で菊千代お姐さまの「お見立て」（←落語の
演目）を拝見して以来、私はすっかりトリコになりました。

魔法にかかったのです。

登場人物が菊千代お姐さまの背後に現れて、動き出すのです。

心底たまげ、興奮しました。

春風亭昇太さんの落語も大好きで、独演会には必ず行くのですが……
……。

毎回涙を流して大爆笑はします。

登場人物が見える魔法にかけられたことはまだ、ありません。

というわけで、次の菊千代お姐さまのステージは池袋演芸場！

必ず行きます。

たくさん笑って元気になります。

（しかし！　前回と同様、時間を持て余した私はすぐに夜の部を再開
するのでした）

やめれ！　やめれ！　やめれ！
ミツカズは傍若無人

　昨年、当店の斜向かいのビルが解体され、昨日より新たに建設されるビルの基礎工事が始まった。舞い上がる砂埃、耳触りな工事音。昼の忙しい時間帯だけは音を出さないようお願いしたが、仕込み中や準備中は店内の会話さえままならない。しかし工事担当者たちには建設を工期に間に合わせる任務がある。

　相手の都合というものを未だかつて考えたこともないミツカズは、案の定キレた。

「うるさい、やめれ！」「やめれ！やめれ！やめれ！」やめれと言うのは「やめる」の命令形で、正しくは「やめろ」である。が、ミツカズにおいては言葉の使い方も自由自在。自分で決めて自分で使うのだ。ゆえ周囲に通じず厨房が混乱を来すこともしばしばだが、この話はまた別の機会にすることにする。

基礎工事を止められた現場

天ぷらそばの海老天をフライヤーに突っ込み、蕎麦を釜に入れたまま、ミツカズは作業を放り投げて外に出た。

　驚き呆れながらも妻の久子と次女の理恵が厨房に入りフォローにまわる。外から聞こえるミツカズの怒鳴り声を聞きながら、無事に天ぷらそばはお客様のもとへと運ばれた。

　現場担当者が話しているのに、ミツカズはかまうことなく上からかぶせて怒鳴り散らす。「言い訳は聞かない、うるさいって言ってるんだ。うちにアンタんとこの埃が全部入ってくるんだよぉ、工事はやめれ！いいからやめれ！今すぐやめれ！」

　翌日、工事現場には昨日とは異なる作業車が導入され、音は若干ましになった。

　ミツカズはまた表へ出ると、現場作業員たちに向かって叫んだ。「よし、お前たち、今日は工事をやれ。俺は怒鳴ったかいがあったな。あはははは！」

上機嫌で笑うミツカズ

ノンアル宴会　2021/4/27

　酒類提供ができなくなったため、夜のご予約が全てキャンセルになるだろう……と思っていたら……。
　今夜ご予約のお客様よりメールをいただきました。
「ノンアルコールでもいいです、たくさん食べてお店に貢献できるようがんばります」
　な、なんと！！
　嬉しくて泣けてきます。
　ありがとうございます。
　というわけなので、今夜は営業いたします。
　蕎麦屋でお酒が呑めないなんて信じられないことになりましたが、よろしければノンアル宴会を開催しにおいでくださいませ。

　昨日は半ドンでした。
　太らないように、初台から下高井戸までウォーキングをしました。
　往復で 15 キロほどです。
　疲労した筋肉にご褒美をあげるべく……。
　ザブン！
　470 円（2023 年 10 月現在は 520 円です）の銭湯に寄って、広いお風呂を楽しみました。
　ここは銭湯だけどお湯は温泉なんです。
　う～ん、極楽、極楽。

　手ぬぐいをよく絞って髪と体をふいて脱衣所を通ると……。
　うわぁ！
　脱衣所の床がびしょ濡れです。

なんてこった。
　つま先歩きで自分のロッカーまで歩き、新しいタオルを出して再度体を拭いていると……。
　銭湯ババアがつつつつっと背後からやってきたのです。
「ちょっとおねーさん、しっかり拭いてからあがってよ。床がびしょびしょじゃないの。こんなんじゃ靴下がはけないでしょう」
　こういう類のおばちゃん、どこの銭湯にもいるんです。
　若い新人を排他する銭湯ババア！
「ちゃんと拭いてからあがりました。私も床が濡れているので不快でしたよ。だから！」
　私は裸のまま近くに置いてあったモップを掴みました。
「人のせいにして文句を言う前に、私は拭きます」
　言ってやりましたとも！
　次にあがってきた人が不快にならないよう、私は丁寧にモップで床を拭きました。
　裸のまま。（←こういうパフォーマンスは行うタイミングが大切なんです）
　すると銭湯ババアは言いました。
「自分が濡らしたんだから拭くのは当然でしょ」

　オレじゃねー（←心の声）

　不愉快なのでとっとと着替えてドライヤーをかけて出て行こうとしたら、銭湯ババアがドライヤーを使い始めました。
　仕方ないので私はとなりでもう一台のドライヤーを使用。
　やがて銭湯ババアのドライヤー時間（3分20円）が終わって、ババアは立ち去りました。
　その足元には抜け毛がわんさか落ちています。
　私はティッシュで自分の分とババアの分の抜け毛をとってゴミ箱に捨て、出る前に一言置き土産。

「抜け毛は自分でひろってください！」

　ババアは私の背中に向かって何か叫んでいたけれど、もう知らないわ。

　ざまーみろ！

　私のうつわはとても小さいのだ。だから喧嘩を売られたらあさっての分まで買ってやるの。

　下駄箱に店主の注意書きが貼ってありました。

「他人のマナーについて思うところがあっても絶対に注意はせず係員までお申し付けください。きつい物言いをする方がいるため、経営に支障が出ております」

　思わず膝を打ちました。

　お前のことだぞ、銭湯ババア！

　そして勝利の鼻歌を歌って帰りました。

～～～～～～～～～～～～～～～～～～～～～～～～

ほっ！を目指して　2021/5/7

　連休明けの木曜日。

　とても忙しいランチタイムとなりました。

　どうもありがとうございます。

　ご常連さんのお顔を見ると嬉しくて元気がわいてきます。

　５日ぶりに蕎麦を打つと、自分はこんなにも蕎麦を打つことが好きだったんだなぁと実感できます。

　うどんも然り。

　かえしを作るのも幸せな作業です。

　たちのぼるかつおと昆布の香り。

う～～ん♬　いい感じ。ニッポン人の魂に響きます。

　好きなことで食べていかれる幸せにこのままずっと溺れていたいのですが、商いはミズモノ。

　コロナは人々の価値観を大きく変えました。

　会議のあとの懇親会はもうなくなるでしょう。

　そして若い人はお酒を呑みません。

　……丸屋は生き残れるのだろうか。

　不安になるときもあります。

　というか、のほほんとした顔をしていても、常に不安はあります。当たり前か。

　景気の良いときも悪いときも、飲食店は「食うか食われるか」。

　食われてなるものか！　と歯を食いしばって闘うのは辛いです、疲れます。でも楽しい。

　コロナという予想もつかなかった災い。

　災いとは言え、コロナはご常連さんたちの丸屋愛の深さを教えてくれました。

　本当にありがたいです。

　物事にはいろいろな側面があります。

　辛くても攻めて闘うことは楽しいです。

　楽しくても「本当にこれでいいのか？」という不安はあります。

　不安になるのは守りたいものがあるという幸せでもあります。

　複雑怪奇なコトになってきましたが、私が目指すのは１つだけ。

　丸屋はお客様がほっと一息つける場所。

　そうあるよう、努めます。

　おいしいことはもちろんですが、気軽な気持ちでのれんをくぐっていただけるよう、あたたかい雰囲気を保っていきたいと思っています。

菊千代お姐さまの魔法　2021/5/17

　蒸しますね。ふーっ！
　池袋演芸場。
　菊千代お姐さまがお出になるということで、土曜日に馳せ参じました。
　演目は「松山鏡」。

　聞くところによれば、落語家の方は演目を決めないで舞台にあがるのだそうです。
　お客様たちの顔を見て、今回はコレにしようと決めるのだとか。
　すごいですね。ぞくぞくします。

　コロナの影響で、座席は１つおきにしか座れません。
　感染対策もしっかり施されているし、ソーシャルディスタンスも充分です。
　2500円で一日楽しめるのですが……。
　満席になっても通常の半分の売上ということですね。
　ソバヤも大変ですが、噺家さんも大変です。

　菊千代お姐さまは「マクラ」で、楽屋のお話をしてくださいました。
　芸を持たない一般人にとって楽屋は憧憬の詰まった場所。そして謎に満ちています。
　どのようなところで、どのようにして過ごすのか。
　前々から気になっておりました。
　今はコロナの関係で、楽屋には30分前に来ることになっているそうです。
　30分で着物を着てメイクをするのは相当大変です。

ゆえに菊千代お姐さまはご自宅で化粧をして着物を着てくるのだそうです。

　で、高座が終わったら、普通は楽屋でお師匠さんの高座が終わるまで待っているのですが、今は帰らないとならないのだそうです。

　それもまた、味気ないお話ですね（仕方ありませんが）。

　マクラのときの菊千代お姐さまはものすごくチャーミングですが、本題に入ると凄みが迫ってきます。

「松山鏡」

　普段鏡を見ないで暮らしている民の身に起きた珍事。

　お腹をかかえて笑いました。

　笑いながら、夫にヤキモチを焼く妻の姿がなんだかいとおしく。

　夫婦はもめにもめて、つい勢いで夫は妻を殴ってしまいます。

　ここで菊千代お姐さまの「素」が顔を出します。

「女を殴ってはいけませんわよ」と客席へ訴えるのです。

　ミツカズに聞かせてあげたいわ。

　菊千代お姐さまは続けます。

「女を殴れば殴り返されます。

　女を殺せば、化けて呪い殺します。

　女は怖いっ」

　女性の噺家さんならではのキレの良いトークに、観衆は大爆笑！

　確かに、確かに。

　私なんてもし殺されたら、三代先まで呪い殺す！

　それにしても噺とは、なんたる贅沢なものでせう。

　目の前に登場人物たちが現れて、生き生きとうごくのです。

脳内変換だとはわかっていても、魔法にかけられた気持ちになります。
菊千代お姉さまの魔法にかかるとみんな幸せになれるはず。
笑って笑って充電完了。
爽快感とともに演芸場をあとにしました。
素晴らしい時間をありがとうございます。

そのあとはアキラさんとノンアルデートを満喫しました。
アキラさん、ごちそうさまです！

さあて、月曜日。
パワーがみなぎっています。
エアコン、オン！
店内、涼やかです。
ほっと一息ついて、おいしいお蕎麦を召し上がってください。

サノスケさんとアキラさんの「くちあけ」
2021/5/26

週明けからランチが大賑わいの丸屋です。
昨日の「くちあけ」はサノスケさんでした。
颯爽と現れて、冷やし山菜そばを召し上がりました。
なんだかすべてが爽やかで、腑に落ちません。
丁寧にプレスされた高級スーツ。
第一ボタンをきちんとしめているので、趣味の良いネクタイが揺るぎなく前を向いています。

おかしいぞ。だってだって、かっこいい。
そこにいるのは一流企業で活躍する紳士。
ナイスガイみたいな顔しています。

禁酒法のせいだわ！
そういえば「酔っ払いサノスケ IN 丸屋」のブログを随分と長いこと書いていません。
酔って真っ赤っかになってもサノスケさんは品を失うことはありませんが、爽やかさは全くなくなります。
電車で帰ると乗り過ごして山梨県まで行ってしまうので、タクシーを呼んで運転手さんにサノスケさんの自宅の住所を伝えます。
カーナビに入力してもらうのです。
これで一安心。
サノスケさんのご自宅の住所は完全に暗記しました。
こんなソバヤ、ありますか？
緊急事態宣言が延長になりそうなので、しばし「爽やかサノスケ」を味わうことにいたします。
それにしてもいつだって福の神パワーをお持ちのサノスケさん。
お帰りになったあと、昨日もどっとお客様が押し寄せました。
ありがたや。

夜の「くちあけ」はアキラさん。
まいど。
ノンアルコールビールなのに、アキラさんはとってもおいしそうにお呑みになります。
昨夜はそのあと「蕎麦湯」に切り替えました。
ひとり呑みなので飛沫感染なんぞはいたしません。
ひとりなら呑んだっていいじゃん！　と心の中で政府に舌打ち。
タンっ！（タン←舌）

お酒を愛するアキラさんのために蕎麦湯の入ったグラスにそば焼酎を垂らしてあげたいと思うのですが……。

　できません。

　昨夜はアキラさんのお父上の壮絶な戦争体験をお聞きしました。

　ここには書けませんが、藤原ていの『流れる星は生きている』よりも過酷な体験だと思います。

　ちょっと泣きそうになりました。

　アキラさんのお父上が生きて帰ってこられたから、私は、丸屋は、今こうしてアキラさんに出会えたのです。

　感慨深い。

「帰国してすぐに私を『作っていただいた』ようです」とアキラさんは笑って話してくださいました。

　お父上とお母上。良い時期に「仕込み」ましたね。

　5月は誕生するのに最高の季節です。

　昨夜はクランキーさんの送別会でした。

　長いこと単身赴任で東京におられましたが、定年を迎えふるさとへ帰ることになったのです。

　書道仲間とお師匠さんによるノンアルコール宴会の送別会。

　お酒がなくてもみんな笑顔で、料理と会話を楽しんでおられました。

　クランキーさんは書の師匠に漢文の「勧酒」（注1）をおねだりしていたようで、とても素晴らしい作品を手にして喜んでおられました。

　ご自宅の玄関に飾るのだそうです。

　クランキーさんたら、相手は名高いお師匠さんです。

　普通に依頼したらそれなりの人数の諭吉を払わないといけないのにおねだりするなんて！

　そしてそれに応じるだけではなく、お師匠さんの好きな言葉の書（注2）

までプレゼントしてもらっていました。
　さすが、人垂らし！

（注1）
　勧酒（于武陵　作）
　勧君金屈巵　満酌不須辞
　花発多風雨　人生足別離
（訳）by 井伏鱒二
　この杯を受けてくれ　どうか並々注がしておくれ
　花に嵐のたとえもあるぞ　「さよなら」だけが人生だ

（注2）
　敬天愛人（けいてんあいじん）
　天を敬い人を愛する

　昨日で丸屋ラストだと思っていましたが、もう一回いらしてくださ
るそうです。
　やったー！

　昨夜はお食事のお客様と Take away（持ち帰り）のご依頼を頂いて、
充実した夜の部となりました。
　ありがとうございます。
　お酒が飲める夜が恋しいです。
　その日まで「食事処」としてしばし踏ん張ります。

　ところで今宵はスーパームーンの皆既月食です。
　サノスケさんもシンジさんも、高級カメラで素晴らしいショットを
撮って送ってくださるわ。
　楽しみです。（圧力？）
　夜、晴れますように。

闇の気配と奇跡の月　2021/5/27

　ゆうべは皆既月食でした。
　仕事をさぼってふらふら外へ出ては夜空を見上げていましたが、空には厚い雲。
　予想通りサノスケさんもカメラを構えていましたが、立川にも月は姿を現しませんでした。
　その代わり、素晴らしい瞬間を切り取りました。

　都心からほんの少し離れた街の夜。
　闇に棲まう生物の気配が濃厚に感じられます。
　見ていると、何やら胸騒ぎがします。

月現れず、闇響く。
ざわざわざわ……。

シンジさんもわたくしの予想通り、カメラを構えて地球の影を切り
取ろうとしておられました。
しかし月はなかなか姿を現さず……。
それでもシンジさんはねばりました。
気づけば時刻は 21 時半すぎ。
そのときです。
ぼんやりとした満月が現れました。

あ、欠けている！　月食ですね。
地球の影を月に見る。
なんだかふしぎです。

シンジさんはお母様の介護の傍に撮影を試みたので、とてもせわし
なかったと思います。
21 時半に外に出たのは、もしかして。
月に呼ばれた？！
情熱が雲をとかした夜。

奇跡の月ですね。

満月はいつだって浪漫に満ちています。

闇の気配と奇跡の月。

写真ってすごいです。

どの一瞬を切り取るかで、伝わる想いが変わってきます。

ゆたかな写真に出合えたので、自身の目で月が見られずとも満たされました。

レジスターも満たされるといいな（下世話……）。

水無月になりました　2021/6/1

ちょっと自慢ですが、私には専任の気象予報士がいます。

Ｋ君です。

昨夜もＫ君からラインでメッセージが届きました。

「これから豪雨がくる」

窓を開けて空を見上げると、突っ風に頬を叩かれました。

わ、冷たい風。

そう思ったとたんに雷が鳴って、雨がざーっと降ってきたのです。

Ｋ君、的中！

バケツをひっくり返したような雨の音を聴きながら、今悲しみに涙している大切な人を想いました。

自分の腕の中で、22年連れ添った家族が旅立とうとしているのです。

見送るは悲し。残るも悲し。

たまらない。

そう思ったら、私も泣いていました。

今日から水無月。

水の月の始まりです。

大坂なおみの記者会見拒否が物議を醸しています。

マスメディアから聞こえてくるのは、彼女に対する厳しい声。

マスメディアを敵に回したから?

だとしたらなんのためのマスメディアよ。

マスメディアの media は英語の medium の複数形です。

medium は中間という意味。

情報の伝達を行う中間的な存在として、情報を媒介するのがメディアの役割です。

なので彼女を批判する声だけではなく、もっと彼女や彼女の味方の声も報道してほしいと思います。

大坂なおみが「カツ丼が好き」と言ったとき、うちのカツ丼はよく売れました。

なので私は彼女が好き。(アタイははてしなくアキンドなのさ)

ファンは彼女がテニスをしている姿だけではなく、会見でしゃべる様子や内容も知りたいはずです。

彼女だってそのことはわかっていると思います。

それなのに会見を拒絶するのは、彼女が単にわがままだからだと思いますか?

のっぴきならぬ理由があるに決まってます。

よっぽどイヤなことがあったのよ。

大坂なおみはうつ病を患っているそうです。

うつ病になるのはメンタルが弱いからではありません。

自分のキャパシティを超えるまで頑張って頑張って頑張って……。
頑張りすぎた結果です。
責任感が強くて、負けず嫌いで、尋常ならぬ努力家が陥る病。
完璧主義者の病です。

だから彼女は見方によってはとても強い人です。
限界を超えるまで頑張り続けることができる人なんてそうはいません。
うつ病は根治しないと言われていますが、コントロールはできるようになります。
私はまた彼女の笑顔が見たい。
そして次は「カレー南蛮そばが好き」とか言ってほしい。（だからアタイはアキンドさ）

ところで。
笑顔が見たい女性がもう一人います。
「スタップ細胞はあります」の小保方晴子さんです。
瀬戸内寂聴さんは彼女の文才を褒めちぎり、小説家になるよう勧めました。
が、彼女は違う道を選んだようです。（ネット情報によればパティシエになられたそうです）
いろいろありましたし、未だにいろいろ言う人もいるとは思いますが、どこかで強かに美しく微笑んでいてほしい。
心からそう思います。

私もコロナに苦しめられていますが、今日もここで強かに美しく微笑んでおります。
うふふふふ。

マイリトルウォーター　2021/6/3

　私は女性ですが、立ったまま用を足すことができます。

　岩手の祖母が「ごろく山」という小さな山を買って畑を耕していたので、子供の頃よくついて行きました。

「用」ができても、山には「お手洗い」がありません。

　茂みに隠れて用を足す祖母を私はじっくり観察し、あれならできるぞと思って真似してみました。

　少し前に屈んで、後方遠くへ放つのです。

　意外に難しい！

　あまり遠くへ飛びません。

　足元に液体が降り注ぐのは、たとえ自分が放ったものでも不快です。

　姿勢を改善し、下腹に力を込めて何度も挑みました。

　いやぁ、何事も練習でございますわ。

　ついにリトルウォーター（お小水）のスタンディング技を会得いたしました。

　一度コツをつかむともう簡単。

　後方遠くへピューっと、黄金の虹ができるのでございます。きれい。

　的を決めてそこへ飛ばす練習もしたので、マイリトルウォーターはコントロール可能でございます。

　この技が役立ったのは5年前のこと。

　友人たちと小洒落たイタリアンレストランでワインと食事を楽しんでいました。

「用」ができた私は中座して御不浄へ。

　女性用と男性用があり、女性用は使用中でした。

　扉の近くで待っていましたが、全然空きません。

　酔っ払いの女の子が入って行ったので、マーライオン状態なのかも

知れません。

　これじゃあ埒があかないので、私は男性用のを拝借。

　洋式だろうと思っていたら、な、なんと。

　アサガオ……。

　でも私は「やればできる子」です。

　つつがなく用を足し、手を洗って部屋を出ました。

　まとに当てる訓練をしていたよかった！

　男性用お手洗いから出てきた私を見た店員さんは少し固まっていました。

　あっはは！

　良い思い出です。

　ポイントは、腰を深く反って下腹に力を入れること。

　女性のみなさま、機会がありましたら Let's try！

　飛ばすって爽快です。

～～～～～～～～～～～～～～～～～～～～～～～～～～

To be honest......　2021/6/8

　週明けの丸屋はドタバタ騒ぎ！

　月曜日は出社される方が多いようです。

　一斉にお客様がおいでになると、するべきことが一気に押し寄せます。

　頭の中で優先順位を組み立てます。

　ところが動いているうちに予知しなかったことが必ず起こります。

　で、その都度優先順位を組み立て直します。

無駄なきよう最適最速に努める緊張感。

　そのピンと張り詰めた空気が私は大好き。

　15時になって準備中の看板を出すと、張り詰めていた糸がゆるみます。

　その瞬間もまた好き。

　おもしろいものですね。

　化粧をすることが好きで、それとおんなじくらい化粧を落とすことも好き。

　緊張と弛緩。

　自律神経と副交感神経。

　切り替えが楽しいのです。

「楽しい」などと言っていますが……。

　ここは丸屋の宣伝ブログなので、明るく前向きな空気感を醸しだすよう努めております。

　でも実際の私は後ろ向きで陰気で意地悪です。

　いやなことがあると藁人形を用いて憂さを晴らしますし、頭の中はネガティブ一色！

　相田みつをさんみたいな愚直で善良な人が最も苦手です。

「つまづいたっていいじゃないか　にんげんだもの」

　なんて言われると、「つまづいて骨折でもしたら寝たきりになって認知症になるかも知れないけど、それでもにんげんだからいいってホントに言いきれる？」と言い返したくなります。

「うつくしいものをうつくしいと思えるあなたの心がうつくしい」と言われても、「心が美しいだけじゃおまんま食べていかれないから、生きて稼いでいるうちに気づくととよごれちまってるのさ」と心の中で言い返します。

「歩くから道になる　歩かなければ草が生える」に関しては「だからなに？」としか思いませんし、「あなたがそこにいるだけでその場の空気が明るくなる」と言われると「接客業なんで、昨日失恋したばかりでも、2時間前に膵臓にある腫瘍が悪性だと判明したばかりでも、営業中は場を明るくします、仕事ですから」と言ってしまうと思います。

　仕事ですから、明るく楽しく前向きに。
　もちろん努めます！
　でもたまに今日のような本音も書きます。えへ。

スメリートーク　2021/6/16

　ミツカズが冷蔵庫を開けたら上から大根おろしが落ちてきて、となりにいた私に降りかかりました。

　大根おろしは大好物なので浴びるほど食べても飽きませんが、浴びたくはありません。

　憂さに満ち満ちて蕎麦を打っていると、クマ牧場の匂いがしました。

　近くにヒグマがいるとは思えないので、ネズミやハクビシンが侵入したのかもしれないと警戒してキョロキョロしましたがそんな気配はありません。

　数分後に匂いの発生源が自分の頭髪だと気づいて、驚きました。

　大根おろしを浴びると、ヒグマの匂いになるんですね。

　野性味あふれる匂いです。大根ってパワフル！

　よかったらお試しください。

　私はこれから洗髪します。

　匂いと言えば……。

　23歳の冬のある日。

　あの頃私は細かったので、デニムのミニスカートに80デニールのタイツをはいて8センチヒールのロングブーツで街を闊歩していました。買い物が弾み、両手に大荷物を持ったままかなりの距離を歩きました。

　すると友人たちからメールがきて、いつものも居酒屋で呑んでるから暇ならおいでよと誘われました。

　その足で居酒屋へ行くと、友人たちは座敷席で鍋を囲んでいました。

「お待たせ！　わ〜、鍋だ。湯豆腐じゃん。いいね〜、お腹ペコペコだ〜」

　そう言いながら座敷の端っこに座り、足にフィットしたロングブー

ツを「う～～～～」と言いながら芋掘りみたいに引っこ抜きました。
　その瞬間！
　異臭がしたのです。
　なに？　なんだ、この匂い！
　食べ物の匂いのような気もするな。
　納豆のような、そらまめのような。
　私は必死で匂いの発生源を探しました。
　結果、悲劇が起こりました。
　発生源は私のブーツだったのです。
　ってことは私の足もおんなじ匂いがする？
　私は体が柔らかいです。
　座りながら自分の足指を鼻まで持ってきて、嗅ぎました。
　うわ～！！

　奇異な行動をとる私に当然、友人たちは尋ねます。
「ねえ、さっきから何やってんの？」
　黙っておけないのが私の性分。
「みなさまもお気づきかとは存じますが、今、事件が起きていますよね。異臭事件です」

　友人のひとりが言いました。
「ああ、これってたぶん足の匂いだよね？　なんかすっごいとは思ってた、たぶんあの人だよ」
　友人はとなりのテーブルにいる肥満体の中年男性にちらっと視線を送りました。
　そのままその人のせいにしてしまえばよかったのですが、正直な私は自白しました。
「いいえ、犯人は私です」

　その日は最後まで友人たちから「あしくさオンナ」呼ばわりされて、

本当に悲しくて反省しました。

以来、足と靴の手入れは欠かしたことがありません。

酔って帰宅して化粧を落とさず寝てしまっても、履いていた靴は靴乾燥機に入れて乾かします。

履いていた靴がなぜか片足だけだった夜もありましたが、その片足でさえもちゃんと乾燥機に入れました。

翌朝、マンションの入り口にもう片方の靴がありました。どうやら私、靴を脱ぐのを少し早まったようです。

部屋の扉の外に脱いだことも5回ほどあるんですよ。酔って裸足で帰ってきたんだ……靴をなくしてしまった……と落ち込みながら扉を開けるとそこには昨夜履いていた靴が……。

サプラーイズ！！

毎日履きたいくらい気に入った靴は二足買います。

なぜならおんなじ靴を毎日履いてはならないからです。

靴下を履く前には「足さらさらクリーム」をつけますし、足専用石鹸を使って足指を洗います。

ボディーソープは洗浄力が強すぎて必要な油分まで落としてしまうのでNG。

油分がないと細菌が繁殖しやすくなるのです。

足の爪は専用のブラシでこすります。

わたしはもうあしくさオンナではない！！　と言いきれると思うのですが、こわいので靴下を脱いだときは必ず匂いを嗅ぎます。

チェックは怠ることなかれ！

しかしこんな姿をハイグーシャに見られてはならぬ。

そう思って隠れて匂いを嗅いでいたのですが、ある日脱いだ靴下の匂いを嗅いでいるハイグーシャを目撃しました。

ちょっと感動して、「それ、実は私もやるんだ」と言ったら、ハイグーシャは恥ずかしそうに顔を赤らめました。

ハッとして、私は慌てて言い直しました。
「自分が脱いだ靴下でやるんだよ、YOU のではない！」
　ところがハイグーシャは面白がって、「ME のを嗅いでよ、ME は YOU のを嗅ぐから」と言い出したのです。
　以来、われわれは互いの靴下の匂いをチェックし合っています。
　で、ここだけの話ですが、ハイグーシャが「はい、どうぞ」と言いながら嬉々として "あたたかい靴下" を私の鼻先に差し出すと、私は息を止めます。
　息を止めながら鼻をヒクヒク動かすという技を身につけました。

　ひさちゃん（母）は、店にやってくるなりミツカズ（父）を強い口調で問い詰めました。
「エアコンのリモコンがないんだけど、どこに置いた？」
　ミツカズは腑に落ちないといった顔で「テーブルの上に置いたよ」と答えましたが、ひさちゃんは納得しません。
　テーブルの上にはなかったのだそうです。
「じゃあ、俺は知らないよっ！」
　ミツカズは威勢良く言いきりましたが、数秒後にズボンのポケットからリモコンが出てきました。

「携帯電話と間違えてリモコンを持ってきた……」

　そんなやりとりを見ていたら、こんな名言を思い出しました。
　坂には３つの種類があります。
　上り坂
　下り坂
　……。

　まさか！！

店内を少し改装します　2021/7/2

どしゃぶりの雨。
この潤いがレジの中まで届きますように！
って冒頭からゼニの話をしてしまったわ。下世話ね〜。

当店は6月決算です。
新型コロナウイルスの影響で、協力金を合算しても数字はかなり落ちました。
売れないので、仕入れ等の経費も少ないです。
アクリル板やアルコール消毒液等の経費は加わりましたが、それでも売れているときの仕入れとは比になりません。
経費が少ないとどうなるか。
税金が高くなります。
売上が大幅に落ちているのになぜ税金が高くなる？
東京都や国からいただいた給付金や協力金は「雑所得」に計上するので、課税対象なんです。
このままだと苦労して申請してようやっと得た協力金を税金として返上することになる……。
そんなのはいやじゃ。
経費を作ろう！
ということで、店を改装いたします。
発想がケチくさいですが、どのみちそうする時期だったのです。

夕べはアキラさんが愛らしきモモ様と一緒においでになりました。
先日のアキラさんのエッセイを読んだ母のひさちゃんは、「アキラさんは本当に文章が素晴らしいですね。物書きみたい」と申しました。

！！！！！

　あのー、アキラさんは物書きなんですけど……。

　私はツッコミました。
　「アキラさんは物書きです。何冊も本を出版しています」
　するとひさこは言いました。
　「じゃあもっと売れる本を書かなくちゃ！」

　！！！！！

　な、な、なんと失敬な！
　売れてますから。
　流行にのっかってベストセラーになるというような類の書ではありません が、相当売れていると思います。
　アマソンでの評価もとても高いです。
　ひさこの自由奔放なふるまいに娘の私はドキドキハラハラ。
　いいですね。一緒にいてちっとも飽きません。
　以前も書きましたが、アキラさんはラブリーなパートナーと暮らしています。
　トラ姐さんです。
　トラ姐さんは猫なので、最初は赤ちゃんだったのに、今はおばあちゃんになってしまいました。
　22年生きています。アキラさんが最も長く一緒に暮らした女の子です。
　トラ姐さんはある日、川向こうへ行ってしまいそうになりました。
　餌を食べず、水を飲むのもやっとで、排泄もアキラさんに手伝ってもらわないとできません。
　ぐったりと虫の息。

アキラさんは丸屋通いをやめて、トラ姐さんの世話に明け暮れました。

　すると！

　トラ姐さんはみるみる回復したのです。

　大好きなアキラさんを独り占めできた幸福が活力となって、もっと生きようと思ったのかもしれません。

　あるいはチャオチュールのチカラか。

　そんなわけで、アキラさんは再び丸屋通いを開始しました。

　でも家を空けている時間が長いと、やはりトラ姐さんが心配になります。

　だからトラ姐さんの話題は、なんというか、デリケートに扱わないといけないのです。

　そんなアキラさんに向かって、久子は言いました。

「猫、まだ生きてますか？」

「まだ」！！！！！！！

　のけぞるアキラさん。

　母が、母が、申し訳ございません！！！

　母の失態をわたくしはメールにて謝罪しました。

　するととてもやさしいお返事が届きました。

「面白くて素敵なひさちゃんのツッコミが心地よく感じられる私はマゾ爺さんになりました」

　サディストだったのに、ひさちゃんに長年イヂられ続けたアキラさんはついにマゾになりました。

　重ね重ね、申し訳ない限りでございます。

　懲りずにまた来週も足を運んでくださいね。

戦争と五輪　2021/7/5

雨、雨、雨。
コロナ禍で悲鳴をあげている最中に起きた熱海の悲劇。
心が痛みます。

金曜日の夜、テレビを付けっぱなしで仕事をしていたら特攻隊の番組が放映されていました。
特攻隊に任命された20代の若い男性たち。
彼らがどんな思いで任務と向き合ってきたか。
彼らの日記、家族、仲間や上官、友人たちを取材して見えてきたことを放送したドキュメンタリー番組でした。

日本はもう戦争には勝てない。
特攻隊の任務を遂行して死ぬなんて、あってはならない。
誰もがそう思っていました。
でも言い出せませんでした。そして、たくさんの若い命が失われました。
私は悲しくて悔しくて、お客様に背を向けて涙を流しながら食器を洗いました。
日本はその頃から何も変わっていないと思います。
五輪を開催したら、デルタ株よりも強い五輪株が発生するかもしれません。
東京は今以上に危険な場所になってしまうし、ウイルスの進化は世界にとっても脅威です。
多くの人が開催するべきでないと思っています。
35万人超の反対署名も集まりました。
それなのに……。

「開催するか中止するか再延期するか」の議論から「観客を入れる？それとも無観客にする？」の選択にすり替えられていて、私は一瞬「五輪の開催はすでに決定事項でもう変えられない……」と諦めそうになりました。

　でも！

　ちょっと待って。

　これって論点のすり替えですよね。

　五輪に投じたおゼニがとっても膨大だからもう後に引けない？

　それじゃあ戦争とおんなじです。

　空襲でボロボロになっていて、日本はとっくに敗けてるのにいつまで経っても敗戦を認めなかったでしょ。

　だから死ななくてもいい命をたくさん失いました。

　後で後悔しても命は戻りません。

　五輪開催の強行突破は、戦争開始とおんなじ匂いがします。

　感染が拡大して、死ななくてもいい人が死んでしまう危険に満ち満ちています。

　私は反対です。

　言い続けなくちゃ。

　たとえ開催されても、開催中にだって私は「反対！」と言い続けます。

　こんな最中にスポーツ観戦。

　楽しめますか？

　飲食店は苦しみながら、ほとんどの店が感染拡大防止に協力しています。

　協力金はいただいています。

　それでも売上が大幅に下がった状態で店をまわしていくのは大変なことです。

　廃業を余儀なくされた店もたくさんあります。

まん延防止等重点措置という法律ができて、協力しないと過料が課せられるようになりました。

ここまで協力を強いておきながら、国は感染拡大するようなことをしようとしているのです。

何があっても怒らないし、常に慈悲に満ちている仏の夏恵ですが、五輪開催には「キーっ！」となります。

キーっ！！！！

4回目の緊急事態宣言……
つもり貯金がたまります　2021/7/21

4回目の緊急事態宣言が始まりました。

何と言うか……すっかり慣れっこです。

1回目の緊急事態宣言時の緊張感がどうしても持てず、困っております。

外食ができないので、食材を仕入れて食事を作る行為が最初はとてつもなく大変でした。

しかし今や、休日も台所に立つことは「習慣」。

外出できなくても、Netflix と Prime Video があれば満足です。

バーレッスン用のバーも入手したので、自宅でバレエがオンラインで楽しめます。

職場と家で完結できる人生。

呑みに出歩かないと、呑み代とタクシー料金が貯蓄されてゆきます。

つもり貯金ってやつですね。

　土曜日に呑みに行ったと思って１万円を「貯蓄用財布」にしまいます。

　で、日曜日にももう１万円をしまいます。ちなみにこれはタクシー代込みの料金です。

　ほら、週末だけで２万円も貯金ができちゃう。

　私の男友だちは「つもり貯金」でマンションの頭金を貯めました。

　彼は天海祐希の大ファンなので、最初は天海祐希とデートした「つもり貯金」を実施！

　ところが天海祐希はお会計伝票をすっと取って、彼がお手洗いに行ってる間にお会計を済ませてしまうことが多いのだそうで。

　だからなかなか貯まりません。（妄想のお話です）

　だから私は言いました。

「天海祐希は他に好きな人ができちゃったんだって。別れてほしいって言ってるよ」と。

「えっ？！」

　友人は一瞬だけ落ち込みましたが、１分で立ち直りました。

　ただの妄想ですからね。

　私はさっそく次の女優をあてがうことにしました。

　戸田恵梨香です。

　恵梨香様との定番デートは帝国ホテルのフレンチでした。

　フルコースを食べてからコニャックで〆ると、二人はそのまま帝国ホテルに宿泊します。

　翌日は帝国ホテルのプールで一日中泳いで、前日に摂取したカロリーを消費するのだそうです。

　恵梨香様、ありがとう！

　頭金たまりました！

　彼はそう感謝して、糀谷にマンションを買ったのです。

糀谷（こうじや）……またなんとも渋い場所です。

　京急蒲田のとなり駅。

　街にはシャトレーゼがあって、羽田空港も近いのでちょっと羨ましいです。

　妄想デートが得意な彼は、妄想を現実に生かすことに成功し、今は素敵なハイグーシャにも恵まれました。

　めでたし、めでたし。

　妄想は想像へ、想像は創造へ。

　って流れの見本みたいな生き方です。

　コロナ騒ぎで痛感したことは、save money の重要さです。

　make money の力があるとつい消費しがちですが、丸屋がなんとか持ちこたえているのは国からの協力金の力ではなく、ミツカズがおゼニをためこんでいたおかげです。

　呑みにも行かず、おしゃれもせず、ひたすら働いてうっしっしっしとほくそ笑みながら溜め込んできたおゼニのおかげ。

　save money。

　あまり得意ではない方は「つもり貯金方式」を採用なさってはいかがでしょうか。

　生き残りをかけて、この機に積極的に取り入れましょう。

2848　2021/7/28

　長かったコロナとの闘いもようやく終わりました。

　感染者は３週間連続０をキープ！！

　丸屋はかつての活気を取り戻し、昼も夜も大盛況です。

　嬉しいのですが、体が追いつきません。

　疲れが取れずに疲労困憊、特に金曜日はフラフラしながら蕎麦を打ちます。

　レジスターのなかには諭吉がぎゅうぎゅうに詰まっていて、お会計のたびに飛び出しそうになって困ります。

　ほほぉ、イキが良い諭吉じゃ。ひっひっひ。

「レジから万券はみ出てるよ」と驚くお客様に対して、「そうなんです。名付けて『ハミキチ』！」と下品にほくそ笑むのはわたくしこと夏恵。

　悪いけど、商売大大大繁盛よ。

　これまでの赤字をすごい勢いでカバーしています。おほほほ〜。

　諭吉で左うちわしなくっちゃ。

　ずっと。

　こんな感じのブログを書きたいと思っていました。

　で、思いきって書きました。

　書いてやったわよ！

　とうとう気が触れました。はっはっは。

　ブログのタイトルは昨日の東京の感染者数。

　2848

　過去最多です。

　私は今も五輪は中止にするべきだと思っていますが、選手たちの頑張りにはたくさんの元気と勇気をいただいています。

頑張れ、日本……とは思いません。

　選手たち全員に尊敬の気持ちとエールを送りたいです。そして人命よりも経済を優先する我が国を、私は国民として恥じております。

　丸屋、夜。

　ゲンジツは……。

　ノンアルコール宴会のお客様が毎晩2組か3組ほどおいでになります。

　本当にありがたいです。

　乾杯のビール（もどき）はアルコールが0.9％入っています。（アルコールが1％未満ならば税法上「酒類」には入りません）

「ブローリー」というオーストラリアの飲み物で、これ、とってもおいしい。

　車で来られた方には提供できませんが、ノンアル宴会のお客様には大好評です。

　ノンアルコールワインもありますが、これは「頑張れば飲める」という味です。

　しかし値段が高い。ノンアルコールにするための手間がかかっているので、原価が高いのです。

　あまりおすすめできません。

　ノンアルコールの日本酒は、水と砂糖とお酢を混ぜたような味がします。

「頑張ってもちょっと飲めない」という味です。

　それでもお出しするとあまりの不味さで逆に盛り上がったりするので、楽しむことが上手なお客様にとっては良い玩具。

　でもおすすめはできません。

　いろいろありますが、「レジから諭吉がはみ出ちゃうわあ」となる日が必ず来ると信じて、今日も笑顔で商います。

ミツカズ VS 理恵　2021/7/29

　ご常連さんの美女、京王ガールズ様より改装祝いに素敵な手ぬぐい
を頂きました。
　ありがとうございます！！
　額が届くのを待ち、ようやく飾ることができました。
　富士山。
　関東人の魂は富士山に宿ると言っても過言ではありません。
　なんて素敵なの……。
　眺めているとなんだか目が潤んできてしまいます。
　ますます綺麗になった店内。

丸屋はみんな、張りきって働いています。

東京の感染者はついに3000人を超えました。

当店の売上は史上最悪を更新中！

足りない協力金は4月分さえまだいただけていません。

でも沈んでいたって退屈なだけ。

江戸っ子は粋と気合だ！！（岩手と新潟の間の子だけど、あたいは江戸育ちの江戸っ子さ）

大枚はたいて店内を改装いたしました。

苦しさにますます拍車がかかりましたが、鬱々して過ごすよりもよっぽど快適です。

守りに入るよりも、攻めていたほうが人生も仕事も愉快です。

ダメになったらなったで、笑顔でピリオド打ってやるわ。

そして次はもっと楽しいことを始めます。

昨日の朝からずっと、理恵とミツカズが大げんかを繰り広げていて、賑やかすぎる丸屋です。

二人とも、「店をもっとよくしたい」という熱い気持ちを抱いているのです。

ただ表現の仕方が過激なのでぶつかります。

どっちかの味方をすると巻き込まれて大変な目に遭うので知らん顔していますが、内心感心しております。

飽きずによく喧嘩するな……と。

元気すぎる74歳のミツカズ　VS　仕事と家事と育児をひとりでまわすシングルマザー予備軍の理恵。

理恵が勝てそうな気がするのですが、ミツカズも老体に鞭打って粘ります。

熱血丸屋にぜひ、お越しください。

緊急事態宣言延長　2021/7/30

　緊急事態宣言が延長になりました。

　8/31 まで、です。

　なんだか夏休みみたいですね。

　もちろん宿題もあります。

　マスク着用、うがい手洗い消毒をさらに徹底することです。

　デルタ株に感染しないように気をつけて、でも感染してしまったら人にうつさないようにしながら自分が死なないように頑張ること！！

　夏休み明けには会いたい人と笑顔で再会できるよう努めること。

　絵日記はつけなくてもいいですが、SNS を利用なさっている方はなるべく頻繁に更新なさってくださいね。

　楽しく拝見／拝読します。

　酒類提供が NG なので当店夜の部はしばらく暇だと思いますが、ノンアル宴会も楽しいですよ。

　騙されたと思って一度挑戦してみてください。

　いい意味で「本当に」騙されるかもしれません。

　昨夜はシンジさんがおいでになりました。

　他テーブルにも丸屋レギュラーが勢ぞろい！

　ノンアル宴会を楽しんでいるうちにみんな仲良しになりました。

　笑って食べて呑む！　呑む！　呑む！

　ノンアルだとお腹がちゃぽんちゃぽんになって面白いです。

　私もノンアルワインをいただきましたが、最終的にみんなが呑むのは「蕎麦湯」です。

　体にいいし、蕎麦屋にしかないものなので、そこにたどり着いてしまうのです。

　心も体もルチンで満ち満ちました。

アルコールの力がなくてもこんなにハイになれるんですね。
とてつもなく楽しい夜でした。
感謝！！！！！！！！

シンジさんからは宝石のように美しい天然のナンヨウダカラガイを
いただきました。

「いくつも持っているんで1つさしあげます」
気前よく高価なものを持ってきてくださいましたが……。
自意識過剰な私は確信しました。
シンジさんは私のことが大好きなのね！
丸屋マニアではなく、夏恵マニアだ！（すごくうれしいです）
もし私が丸屋を辞任してとなりの日高屋さんに就職したら、日高屋
さんに通ってくれるにちがいありません。
お店のお客様ではなく私のお客様……という表現はキャバクラ的で
すが、丸屋にはキャバ嬢みたいな若女将がいるのです。
よわい45。もうすぐ46……。
熟女キャバクラのキャバ嬢だって29歳くらいなのに、丸屋の若女
将は老体に鞭打ってがんばってますよー。
自分のことです。アイタタタ。

ゆうべはたくさん笑ったので、腹筋が割れました。

縦割れではなく横割れですが、so what？

今朝も YouTube のバーレッスンでぜい肉をゆらゆら気持ちよく揺らしてきましたさ。

そのうちなくなる予定です。今のうちにお別れを言っておかなくちゃ。

義母キヨコ　2021/8/2

第一回目の緊急事態宣言が発令されたとき、「東京の感染者数が300人を超えた！　大変だ！」という温度でブログを書いていました。

まさか4000人を超えることになるなんて……。

その当時の私に「そのくらいで驚くなんてまだまだ甘いね」と忠告してあげたいです。

自覚している陽性者が4000人超ということは、無自覚無症状の陽性者は自分自身も含めてそのへんにごろごろいるわけです。

マスク着用は習慣化されましたが、これまで以上にうがいと手洗いを入念に行わなければなりません。

そして熱中症にも気をつけてください。

水分は意識的に摂取する方なので熱中症は他人事だと思っていましたが、とんでもないことでした。

先週の金曜日、初めて熱中症になったのです。

蕎麦を打ちながら、こんなに暑いのに汗をかかない……いよいよ私

も女優体質になったのか……。

とアホなことを思っていたら、やがて呼吸が苦しくなりました。

肩で息をしないと呼吸が入ってこないのです。

苦しくてハアハア言っていたら、今度は嘔吐感に襲われました。

朝なので胃は空っぽですが、お手洗いに駆け込んで二日酔いのときみたいにしゃがんでいると今度は頭がガンガンガンガン！

塩を舐めて水を飲んで気合いで蕎麦を打ちましたが、そのあと１時間くらい寝込んでしまいました。

脇の下に保冷剤をはさみ、首には冷水で絞った手ぬぐいを巻いて、おでこに冷えピタ。

１時間後に復活して店に戻りオープンには間に合いましたが、頭痛は終日治りませんでした。

辛かった……。

若いから大丈夫なんて甘くみてはいけないのですね。

若くないのに若いと思い込んでしまう習慣もそろそろどうにかしないと……。

今月の20日で46歳になります。

「これってもしかして……老眼？」と思いながら、新聞を「離して」読んでいます。

日曜日は介護の日。

施設で暮らす義母のキヨコさんに会ってきました。

息子と私の顔を見ると嬉しそうに微笑みながらもこう言います。

「どうして突然来るんだよ？　聞いてないよ。突然来られても困るんだ」

私も負けてはいません。

「私たちは毎週日曜日に来てますよ。キヨコさんは認知症だから覚えていないのです」

するとキヨコさんは笑います。

「何が認知症だ？　はっはっは」
　自覚していないのです。
「80を過ぎれば認知症になってもいいんですよ。全部忘れていいん
です。私がちゃんと覚えていますから」
　こう言うとキヨコさんは怒ります。
「それじゃあまるで私が認知症みたいじゃないか！」
　ここまでのやりとりはだいたい「お約束」。
　昨日は斬新なことが起こりました。
　キヨコさんは実の息子に向かって訊いたのです。
「アンタは何人兄弟だ？」
　息子は聞き返しました。
「アンタは何人産んだんだ？」
　キヨコさんは全く動じずに答えました。
「忘れた」

　漫才みたいな親子です。

「家に帰りたい」
　キヨコさんは言います。
「コロナだから帰れないんです」と私が言います。
　すると「コロナにかこつけて私をずっと家に帰さないつもりだ
な？」と言われます。
　コロナ前、キヨコさんは毎週末自宅で過ごしていました。
　おなじ敷地に息子の家があるので、キヨコさんの靴と鍵にGPSを
つけ、たまに様子を見に行きながら過ごしました。
　家にいるのにキヨコさんは言います。
「家に帰りたい」
　これはもう、口癖なのです。

　寝る前に入れ歯をとって洗いましょうと言うと、「オレは入れ歯な

のか？　この若さで入れ歯だなんて情けない」とぶつぶつ言いながら
入れ歯を外して洗います。

　付けたり外したりする行為は慣れているのでスムーズにできます。

　入れ歯も自分できれいに洗います。

　でも自分が入れ歯だということは忘れているのです。

「この若さでって、キヨコさんはおいくつなんですか？」

　そう訊くと、キヨコさんはちょっと考え込んでしまいます。

　それから尋ねます。

「オレはもう70歳になったか？」

　私が間髪入れず「83歳です」と答えると、「なんだよ、それじゃあ
オレは婆さんか！！」と怒り出します。

　でも1分もするとまた70歳に戻ります。

　そして、「明日はトシコさんと食事に行ってくるから留守番頼んだ
よ」などと言い出します。

　トシコさんは10年以上前に亡くなったキヨコさんの親友です。

　キヨコさんを見ていると、認知症なんて何もこわくなくなります。

　若いままだし、亡くなった友人は生きているし……。

　本当に楽しそう。

　施設でも楽しそうに威張っています。

「あんまり威張っちゃだめですよ」

　私がそう言うと、キヨコさんはそのへんにいる職員さんを捕まえて
「私、威張ってないよね？」と確かめます。

　職員さんは笑いをこらえて答えます。

「ものすごく威張ってます」

　キヨコさん、長生きしてください（するね）。

　息子よ、稼いでください（施設利用料は毎月25万円です）。

154

別居婚　2021/8/3

「先週の会議で隣に座った人がコロナ陽性者だった。これから PCR 検査を受けに行ってくる」

ハイグーシャからこんな内容のメールが来ました。

冷や汗をかきながら検査結果が出るのを待っていると……。

結果は陰性。

ほっとしましたが、万が一陽性だったとしても私自身は安全です。

別居しているからです。

問題があって別居しているわけではありません。

初めから別居しています。

それじゃあ夫婦でいることの意味ないじゃんと言われることもありますが、自分の家があるのは快適なんです。

友達を呼んでホームパーティを開くのにいちいちハイグーシャに伺いを立てるなんてこともしなくていいわけですし、夫婦のどちらかが陽性になって自宅待機となった場合も互い迷惑をかけずに済みます。

ハイグーシャは会社役員。遠くに転勤になることもあります。

そうなると結局別居することになりますから、互いに家を持っていたほうが便利なのです。

経費はかかりますが、もとから財布は別々なのでいくら余計にかかっているか互いに知る由もなく。

別居婚、私はおすすめです。

互いに仕事を引退しよわいを重ねてヨレヨレになったら同居するなり、となりに住むなり、別のスタイルを取り入れるかも知れませんが。

あっ、となりに住むっていいですね。

隣人はハイグーシャ。

うん、ちょうど良い距離感です。

熱湯地獄か生き埋めか
気の毒なネズミ

　解体されたビルには熊ネズミが暮らしていたようで、解体作業中に逃げ出すネズミを何度か目撃した。ある朝、逃げ遅れた赤ちゃんネズミが店の前でぐったりしていた。寒さにやられたのだろう。まだ息はあるがもう時間の問題だ。飲食店とネズミは共存できない。頭では分かっていても、愛らしい姿に絆されそうになる。そこにミツカズがやってきた。手には火バサミを持っている。赤ちゃんネズミを摑むと、ゴミ箱に放り投げた。その行為に、かつて研究室でラットを用いて実験をした経験がある理系女子の理恵が猛抗議。ネズミの死体は腐敗すると悪臭を放つんだよ。ゴミが回収されるのは明日でしょう。大変なことになるよ」ミツカズはゴミ箱のネズミを火バサミで摑んで外に出し、道路に放りつけて言った。「釜の熱湯をかけて一思いに逝かせてあげようか」実はミツカズ、かつてネズミに熱湯をかけ続けていたのだ。数年前のある日、増えすぎたネズミが新天地を求めて丸屋に移動してきた。困ったミツカズは「ぺったんこ」という罠を仕掛け、次々とネズミを殺めていった。ぺったんこは、最初は匂いでネズミをおび

クマネズミの子供

き寄せる。

　ネズミが触れると、強力な接着剤がネズミを決して離さない。離れようとしてネズミが暴れれば暴れるほど、絡みとられてゆく仕組みだ。しかしネズミの生命力もなかなかのもので、いつまでもぺったんこの中でチューチュー鳴いて暴れ回る。「うるさい！」ミツカズはキレて、無慈悲に熱湯をかけた。こうして、暖と食料を求めてやって来たネズミたちは一匹残らず絶滅した。「熱湯は可哀想だよ」と私が反対すると、ミツカズは「なら、あとは任せた」と言い放ち立ち去った。任された理恵と私。土の上で死なせてあげようということになり、ネズミを解体現場の土の上に運んだ。

　息を引き取る頃は、こちらはランチでバタバタしている真っ最中だろう。死んだら埋めてあげたいけれど、その頃こちらは忙しい。どうするか。効率を重んじることにした。私は穴を掘った。そしてそこにネズミを置き、土をかたわらに盛った。「生き埋め？」理恵が驚愕して私に問う。「いや、まだ埋めない、これは生き穴」数時間後、ネズミは天に召された。私は穴にそっと土をかけ、手を合わせた。

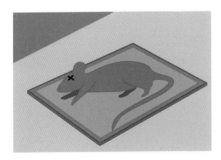

ぺったんこにひっかかったネズミ

感染拡大はお酒のせいではありません
2021/8/4

　現在、4回目の緊急事態宣言中。

　でも私はそのことを時々失念します。
　慣れすぎて緊張感が保てないのです。
　東京都は飲食店に酒類提供をやめて20時に閉店するよう要請していますが、繁華街に行くと遅くまで営業している居酒屋さんはたくさんあります。
　もちろんお酒も出しています。そしてそういうお店はとても混んでいます。
　協力金の申請はせず、過料を払ってでも通常営業をするというスタイルなんでしょうね。
　1回目の緊急事態宣言のときは夜になると都内は静けさで満ち、気持ち悪いくらいでした。
　しかし4回目ともなると、「要請に従っていたら店がつぶれちまう」「お酒が諸悪の根源ではない」「飲食店が悪いのではない、呑む人のマナーと秩序の問題だ」という考えのもとに通常営業を続ける店が増えました。
　私は大いに賛成です。

　当店は協力金を申請しているので酒類は提供できませんが、もし繁華街にあったら通常営業していたと思います。
　初台はビジネス街なので、通常営業してもお客様はおいでになりません。
　なので要請に従う道を選んだ、それだけのことです。
　お酒がコロナの感染を拡大する諸悪の根源ならば、世界中からお酒

をなくさないといけないですね。

　好きなお店が廃業を余儀なくされました。
　悔しいです。
　オーナーは私以上に悔しくてたまらないと思います。
　いつも混んでいたのに、名店だったのに、どうして。

　丸屋はコロナが始まる少し前にキャッシュレス決算を導入しました。
　問屋さんへの支払いは全て現金なので、運転資金が底をついてしまったことがあります。
　どうやって乗り越えたのか？
　ミツカズからおゼニを借りたのです。
　そして、その借金は未だ返済できません。
　待てど暮らせど協力金が振り込まれないからです。
　ミツカズがこつこつおゼニを溜め込んでいなければ、丸屋もとっくに廃業していました。

　その店はとても繁盛していましたが、彼は貯金をしませんでした。
　遊び人なのです。
　なので本当にあっけなかった。
　でも彼は遊び呆けていたわけではなく、上手に遊んでいました。
　だから人脈も豊富。遊びを通して魅力を養うことができたのです。
　そんな魅力的な彼は多くのご常連さんを惹きつけました。
　一文なしになったオーナーさんは、「新しい仕事はヒモです」と言って微笑みました。
　外国人のご常連さんには「My new job is a code」と説明して不思議がられていました。
　切ないけど、笑える彼。
　でもこれぞ人間力のなせるわざ。

コロナが収束したら、女タニマチらの援助でまた素敵な店をオープンさせると思います。

女性が稼げる時代で良かった良かった。

多くの飲食店が要請に従っているにもかかわらず、爆発的に感染者は増えています。

もう明らかなんです。

感染拡大は飲食店のせいでもお酒のせいでもありません。

マリリンモンロー　2021/8/5

1962年の今日、マリリンモンローが亡くなりました。

享年36歳。

愛されても愛されても、マリリンはこう感じていました。

「まだ足りない、もっと欲しいの、もっともっと……」

たくさんの人から愛され、今も愛され続けているマリリンですが、自分で自分を愛することは不得手だったのかもしれません。

育った環境も作用しているとは思いますが、結婚と離婚と不倫を繰り返し自分で自分をたくさん傷つけてきました。

トップスターになっても、マリリンは演技を学び続けました。

セックスシンボルと称されましたが、マリリンは文学、政治、経済に造詣が深い聡明な女性でした。

大衆が求める「マリリンモンロー」を巧みに演じつつも、「アンナ・クリスティ」「欲望と言う名の列車」で役者としての才能を爆発

させます。

実にゆたかな女性。

私は 1975 年生まれなので彼女と同時代を生きることはできませんでしたが、大人になってから惹きつけられました。

寂しさは創作の原動力です。

見て欲しい。賞賛されたい。そして私を愛して。もっと、もっと、もっと！

だからマリリンは力尽きるまで走り続けました。

短い人生でしたが、舞い上がるような喜びと激しい痛みが交差した濃い時間だったと思います。

そして私たちは彼女から学ばなくてはなりません。

どんなに愛されたくとも、本当に欲しいものは他人に求めてはならないのだと。

他人が与えてくれるものはいつだって完全ではありません。

でも自分なら、自分に完全なものを与えられます。

ままならないことは、ままならないまま受け入れれば良いのです。

自己満足と言われればそれまでですが、他人に自分の価値観を委ねてしまうと自分の心が壊れます。

他人は他人。そこに深い愛があっても、他人は他人なのです。

でも表現者は、こんな風に達観してはいけないのかもしれません。

決して手に入らないものを求めることで、得られる何かがきっとあるのでしょう。

演技も、絵画も、音楽も。

マリリンモンローは言いました。

男性と平等でありたいと求めるような女性は、野心が足りていない。

平等であることに意義があるのだと私は思いますが、1950 年代の女性がキャリアを築くということは「男性を超えてやる」という意気込みが必要だったのかもしれません。

マリリンモンローが生きていれば、今95歳。

心は凪ぎ、微笑みを浮かべて余生を過ごしていたことでしょう。

私はマリリンに心惹かれつつも正反対な性分です。

どんなにダメな自分でも、自分がたまらなく愛しいのです。

「僕は夏恵さんが好きです」

男性に初めて告白された10代の夏、私は彼に対して真剣に答えました。

「私も私のことが好きです」

夏恵系女子、絶賛増加中！　2021/8/11

たぶん、親戚の男たちは私のことが苦手です。

全員ではありませんが、きっと中には「厄介な女だ」と思っている人がいると思います。

姓をどちらかに統一なんぞしたくないから事実婚をしていて、その上ハイグーシャとは互いに納得の上で別居している不思議なイキモノ。

結婚する前はゲイバーで遊び呆けていて、甥っ子くんや姪っ子くんに「おばさん」とは決して呼ばせないイキモノ。

よわい45。もうすぐ46。

ある日、親戚のおじさんはお母さんのお手伝いをする姪っ子ちゃんを「いいお母さんになるね」と褒めました。

当然、私は横槍を入れます。

「あのさ、家事をする女性がいいお母さんになるの？　それって家事

が得意じゃないといいお母さんにはなれないってこと？　お母さんが
仕事に出て稼いでくる家は、お父さんが家事をしている場合もあるで
しょう？　その家のお母さんはいいお母さんではないの？　そもそも
『いいお母さん』って褒め言葉としてどうかと思うよ。お母さんにな
らない女性を否定しているようにも受け取れる」

　私が厄介なことを言い始めると、話題は即チェンジ。
　これまでのやりとりはなかったことになります。
　それで、いつもこういう系の話はうやむやになります。
　無理に続けたところで相手が歩み寄ろうとはしないので、仕方あり
ません。
　私が LGBTQ の方たちと語り合う会に参加すると言うと、「そうい
う系のことは、僕らちょっとアレだから……」と言ってそれきりにな
ります。
　彼らが理想とする 45 歳のおばちゃんと私は大きく異なるのでしょ
う。
　どこに地雷が隠されているかわかったもんじゃあないから気軽にも
のも言えず、とかく「厄介」な存在。
　でもこういう「厄介」な女性は（あえてそう表現します）、実は令
和の産物ではありません。
　大正時代にもいました。そう、大正モダンガール。
　稀有ではないのです。
　それに、「厄介」な女たちはただいま絶賛増加中！
　経済的に自立し、30 歳までに結婚して子供を産まなくちゃいけな
い……。
　なーんてことはこれっぽっちも思わず、ひたすら自分らしく生きて
います。
　エポックメイカーとして気張っているわけでもなく、普通に幸せに
暮らしています。
　男性主導の職場……例えば女性の大工さんなんかは気張って闘って

勝ち取らなくてはならないことだらけでしょうけれど、私や私の周囲の女たちは女性が活躍しやすい職業を選択しているので、よく働いてよく食べてよく笑います。

　厄介かもしれませんが、そろそろ取り扱いに慣れていただかないとね。
　なんせ、絶賛増加中ですから。
　そこにもあそこにも厄介系女子（夏恵系女子）がたくさんいると思いますよ。
　怖がらないでくださいね、慣れてしまえば簡単です。
　夏恵系女子は「男前だよね」なんて言われると、「えっと、それは褒め言葉なんですか？　男性的であることが賞賛に値するのですか？　なぜ？」という厄介な展開になるので、気をつけてください。
「男は強くなければならない」だなんて言われるといちいちつっかかります。
　女だって強い方がいいに決まってるじゃん。
　強さとか弱さの定義はよくわかりませんが、世の中には弱い人も強い人もいます。
　そこに性別は関係ありません。

　私は自分で自分をおばちゃん呼ばわりしますが、他人におばちゃんと呼ばれると一生恨みます。
　孫の代まで恨みます。
　そんな面倒な夏恵系女子が増えていることは、手放しに喜ばしいのです。

遺言　2021/8/12

これでも。

　なるべく人に迷惑をかけないように生きてきたつもりです。

　自由奔放には生きていますが、自分が責任をとれる範囲内での自由なのでかなり制限はあります。

　でもあと1つ、迷惑をかけようと思っております。

　私が死んだら、お通夜も告別式もやらないでください。

　お墓にも入れないでください（買ってないけど）。

　遺骨は許可をとって、海に投げてください。

　ゴミに出してもらっても構わないのですが、遺骨を捨てると3年以下の懲役なので、お手数ではありますが散骨してくださると助かります。

　お通夜と告別式をやらないといろいろな人がいろいろなことを言うと思うので、残された人には本当にご迷惑をおかけします。

　でもどうかやらないでください。

　私の葬儀に私は口出しできないので、生きているうちにお願いするしかないのです。

　お通夜も告別式も死んだ人のためにやるんじゃなくて生きてる人のためにやるんだよというご意見もあり、それはごもっともだと思います。

　けじめをつけるために何かしたいと言うのであれば、お通夜や告別式ではなくてお別れ会にしてください。

　こじんまりしたレストランを貸し切って、自由な服装で自由に飲み食いし、私の悪口でもいいし思い出話でもいいので語って笑ってください。

　死は誰にでも訪れるものなので、そう悲しいことではないと再認識

し、残された人生を私の分まで幸せにたくましく生きてください。

お通夜や告別式よりも、レストラン貸切の方がずっと楽しいでしょう？

私はそうしたいの。

黒い服で来てお香典など持ってこようものなら、夜な夜な枕元に立って叫ぶから。

「うらめしや〜〜」って。

レストランを貸し切ってみんなが飲み食いするくらいのお金はちゃんと残すから安心して。

私のおごりよ。

以上、遺言でした。

私はピンピンしているし殺しても死なないくらい元気ですが、人の命なんて一寸先は闇。

生まれてきたら100%死にますので、それがいつなのかはわかりませんが希望をお伝えしました。

ご迷惑をおかけしますが、最後のお願いです。正確には最期のあとのお願いです。

あと丸屋はあしたお休みです。

再三ご迷惑をおかけしますが、よろしくお願いいたします。

罪なソバヤ　2021/8/17

　昨夜はトシローさんがおいでになりました。
（貝殻博士シンジさんのお兄様です）
　夜はいつも暇ですが、昨夜はノンアルコール宴会のお客様が３組もおいでになりました。
　嬉しくて、テンションがどんどんあがってゆきます。
　ノンアルコールビールのご相伴にも預かりました。
　お客様の笑顔を眺めていたら、なんだか酔ってしまいました。
　お酒にはでなく、幸福に酔ったのね、きっと。
　とってもいい気分。
　トシローさんから DEAN & DELUCA のマリトッツォをいただきました。
　夜食べるといろいろあるので（ふくらんじゃう……）、今朝いただきました。
　見た目は甘くてまったりしてそうですが、食べてみるとさっぱりしています。

　気分はセレブリティ。
　半分食べたので、あと一個半残っています。
　賞味期限は昨日までですが、全く問題なし。

おいしい！！
トシローさん、いつもありがとうございます。

「弟が夏恵さんにゾッコンみたいだよ」と言われたので、私はいけしゃあしゃあと答えました。
「はい、存じてます」
　そういうトシローさんだって私に夢中です。
　仲良しだった（過去形かい！）ご兄弟の仲を裂くようなことをしている私は罪なソバヤ……。
　今日の蕎麦は心なしか罪深い味がするわ。

外見はひさちゃん、血はミツカズ……
2021/8/18

米国 39、中国 38、日本 27。

東京オリンピックの金メダルの数です。

金メダルの金（キン）は金（カネ）のある国が多く獲得できるのですね。
アスリートたちは頑張っているのでしょうけど、私はオリンピックに興味はありません。
昔から運動会が嫌いでした。
今は IOC が嫌いです。
オリンピックなんてなくてもいいと思います。

関心を抱くべきものに、私はいつだって無関心。
多くの人と足並みを揃えることができません。
それができるのであれば、安定した収入が得られる会社をやめてソバヤになったりしていません。
アスリートの筋肉は遺伝ですが、私もミツカズの遺伝を受け継いでしまいました。
「右へ倣え」ができない遺伝です。

学生時代はクラスの人気者になりたくて、頑張った時期もありました。
休み時間になると自分が属している女子のグループと群れました。
学級委員長もやったし、部活の部長もやりました。
話しかけられれば感じよく応じたし、誘われれば野球観戦やサッカ

一観戦もしました。

　でもある日、私は突然全てがいやになりました。

　女子グループの仲良しごっこも、運動会でリレーの選手に選ばれることも、教師に対して感じよくふるまうことも、すべて。

　で、休み時間はひとりで本を読みました。

　グループの女子たちからは非難めいたことを言われましたが、最初のうちだけでした。

　やがて私は「ひとりでいる人」となりました。

　それがみんなの共通認識となったのです。

　人生が楽しくなったのはその頃からです。

　本を書く人は偉くて頭がいい人だと思っていましたが、全然ちがうじゃん！　と思ったのもその頃。

　川端康成はロリコンの変態。谷崎潤一郎は女好きのマゾ。三島由紀夫はおっぱい星人。

　内田百閒にいたっては普通にダメな人、と思いました。

　そして私は内田百閒が一番好きでした。

　学があってきちんと生きている人が書いた本なんて面白いわけがありません。

　本を書く人はみんな不器用で普通に生きられないのだと思い、作家たちに対する妙な親近感を抱きながら読み漁ったものでした。

　女性は向田邦子さんが好きでした。

　彼女はきちんとした人でしたが、不器用すぎてまっすぐすぎて……なんだか泣けてしまうのです。

　瀬戸内晴美と宇野千代は自意過剰な目立ちたがり屋さん。でも腹をくくって生きる覚悟はかっこいい。

　田辺聖子はただただ大好き！　今も昔もたくさんの元気をもらっています。

　まだ生きててほしかった。

元彼2人は野球部出身だったので、東京ドームや神宮球場に野球観戦に出かけたこともあります。

　野球のルールがわかるようになれば観ていて楽しめるかもしれないと思い、ルールを教えてほしいとお願いしました。

　神宮球場で彼が熱心にルールを説明している間、私の耳は街路樹で夏を奏でるセミの歌声で溢れていました。

　興味がないので、話が全然入ってこないのです。

　その次の彼氏は会社の野球チームに入っていて、私はたまにお弁当を作って練習試合を観に行きました。

　今度こそ野球を理解しようと思いましたが、どういうわけか試合が始まると私は練習場に隣接している公園で大黒蟻の観察に没頭しました。

　就職してからは再び頑張りました。

　場の雰囲気を察して早めに動き、いつでも笑みを浮かべて要領よくふるまいました。

　クラスの人気者だったときみたいな嫌な気持ちにはなりましたが、お金を稼ぐためにニコニコしていました。

　でも10数年経過後、突然もういやーっ！！　となったのです。

　給料のためならやれると思ったのですが、どうせ苦労するなら起業して好き勝手やりながら苦労したいと思いました。

　その頃母ひさちゃんが風邪をこじらせて入院したこともあり、よし！　ソバヤを継ぐと決めたのです。

　会社で懸命に「右へ倣え」をしても、自分の中の「ミツカズのDNA」が大暴れしていることを感じていました。

　見た目は母ひさちゃんに似て見目麗しいのに（おいおい）、血は暴君ミツカズでいっぱいな自分。

　だからもうソバヤになるしかないと思いました。

　本当はずっとソバヤになりたかったのですが、労働時間は長いしほ

とんど休みもないし大変だと思って躊躇していたのです。

　でも今思えば、会社員の方がずっと大変でした。

　残業しなくちゃとても終わらないのに、残業時間が長すぎると会社のイメージが損なわれるからみんなで仕事を家に持ち帰って休日も遅くまで働いていました。

　完徹もありましたが、すべて「自腹」でした。

　管理職だから残業代はないと言われ、みんなで自腹で働きました。

　ある日、そんなんだったらやりたいことをやって苦労したほうがずっといいことに気づきました。

　で、そうしました。

　今日も私は元気にソバヤです。

　野球の話とかオリンピックの話とか、お客様が提供してくださった話題には笑顔で相槌を打ちますが、本当はあまりよくわかっていません。

　そもそも聡明かつ懸命な頭脳の持ち主だったらソバヤになってないですから。

　ご容赦あれ。

　私にできることは蕎麦を打って売ることです。

　打ったら売る！

　ずっと涼しかったのに、また狂ったような夏がやってきました。

　本日もみなさまのご来店を狂ったようにお待ちしております。

また１つよわいを重ねました　2021/8/20

　私の本命のＫ保谷さん。

　Ｋ保谷さんには、私が27歳に見えるのだそうです。
「永遠の27歳おめでとう」という嬉しいメッセージをいただきました。
　嬉しい！
　そうなんです。
　さきほど鏡を見ましたが、なるほど……とても46歳には見えません。
　皺もあるし肌は弛んでるし太っていますが……。
　笑顔がとびきり可愛いです！
　ええ、自分で言いますとも。
　それがなにか？（46にもなると厚かましくもなるのです）

　たくさんのお客様からお祝いのメールが届いちゃう私。
　愛されてるんですね。
　どうして愛されているかと言うと……。
　私が愛しているからです。
　獅子座は情熱の女。
　今年の誕生日は夏恵マニア御一行様と仲良く祝杯をあげることはできませんが、例年通り、今年も私の愛でみなさまを骨まで溶かしちゃいます。
　プレゼントもたくさん届きました。
　しかも今もまだ続々と届いています。
　ああ、幸せすぎてクラクラしてきました。
　どうもありがとうございます。

昨夜は一生忘れられない夜になりました。

世界に知られる大企業でご活躍中のご常連さんがおひとりでお見えになったのです。

会社では徹底して夜の外食を禁止しています。と言うか、禁止令を出したのはご本人です。

誰かに見られるとまずいけど……と言いながら当店の「奥座敷」へお座りになり、ノンアルコールビールとともに「蕎麦前」を楽しまれました。

「やっぱりなっちゃんのお誕生日に来ないわけにはいかないでしょう。リスクを犯して思いきって参りました！」とおっしゃって、プレゼントに最高級のオリーブオイルとイタリアワインをお持ちくださいました。

か、感激！

ノンアルコールビールをふるまっていただき、お仕事のことやご家庭のことなどを語り合いました。

しっとり流れる時間。

心がやさしく潤いました。

この夜のこと、私は一生忘れません。

お休みの日には楽器の演奏をして過ごしているとのことで……。

１つ楽しい企画が持ち上がりました。

緊急事態宣言が解除になったら丸屋貸切で音楽会をしませんか……という企画です。

ギター、キーボード、サックス、フルート、歌。

プレーヤーのみなさまには改めてご相談のメールを送ります。

呑みながら楽しくセッションする会。

楽しそうですね。

楽器ができなくても、興味のある方は飛び入り参加ももちろん OK

です。

　丸屋のご常連さん同士、仲良く楽しく過ごしましょう。

　日程などの詳細が決まりましたらブログに up いたします。

　一刻も早く感染者数が減って、緊急事態宣言が解除されますように！

　それでは。

　K 保谷さんから見れば 27 歳ですが、体は今日から 46 歳。

　いよいよ初老でございます。

　江戸時代だったら私はおばあさんです。

　みなさま、おばあさんのことをやさしくいたわってくださいね。

　おばあさんですが、体に鞭打って今日もたくさん蕎麦を打ちました。

　打ったら売ります！！

　みなさまのご来店を熱くおまちしております。

　追伸

　誕生日の主役は私ではなく母のひさちゃんです。丈夫に産み育ててくれた母にはただただ感謝。

　できれば足のサイズは 23 センチの設定にして欲しかったけど、なんでもダイナミックなひさちゃんは、手も足も態度もビッグな子を産みました。

　しかし乳房はビッグではない……遺伝だ。

処暑　2021/8/23

今日は二十四節気の処暑。
暑さも峠を超え、朝夕は少し涼しくなってくる頃です。
子供たちの夏休みも残りわずか。
虫の歌。月の灯り。涼やかな風。

先週の金曜日。
本命のＫ保谷さんから青薔薇の花束が届きました。豪華です！
土日は休みなので、自宅に連れて帰りました。
美しい。
ずっと眺めて過ごしています。

毎年、私のイメージは青い薔薇だとおっしゃって、Ｋ保谷さんは豪華な青薔薇の花束を送ってくださいます。
　嬉しくて感極まり、家で少し泣きました。

　蕎麦打ちを習い始めた頃。
　私の打った「バラバラ事件」の蕎麦を、120％本気の顔で「おいしい！」と優しい嘘をつき続けてくれたＫ保谷さん。
「嘘じゃないって！　本当においしかったんだよ」
　Ｋ保谷さんは今もそうおっしゃいます。

　そんなＫ保谷さんは私の憧れでもあり、目標でもあります。

　今年も青い薔薇の花束で、元気と勇気をいただきました。
　感謝しても感謝しても、ありがとうが溢れてきます。

　ありがとうございます。
　アラウンド50へようこそ？
　高級パックがダンボールにぎっしり詰まって送られてきました。
　ふっ！

受けてたつわ。のぞむところよ。
ありがとうございます。

　こちらは最高級のオリーブオイル。
　食べてみたらあまりにワンダフルだったので、ネットで取り寄せて
しまったわ。
　危険よ、危険すぎる。
　だって……バゲットがとまらない。
　リスキーだけど最高のオリーブオイルです。
　こちらはトスカーナ産の高級ワイン。
　ふだん私は599円のリースリングをオーケーストアで買って呑ん
でいます。だからこんな高いワインを呑んだらアナフィラキシーショ
ックを起こすかも知れない。ゆえ、近いうちにひさちゃんを我が家に
招待して一緒に味わいます。

ありがとうございます。

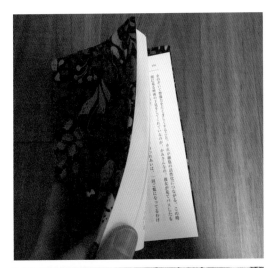

ウツボカヅラのブックカバーをくださったのは、私の親友さくぴーです。

　微生物柄の手ぬぐいもいただきました。
　しわしわなのはすでに愛用しているからです。

　バーボンもいただきました。でも。
　ごめんなさい。
　本当にごめんなさい。
　私はバーボンが呑めません。
　でも酒豪の友がいるのでありがたくいただきます。
　友が来たときに開封したら絶対に喜びます。
　しかし13年って……。
　長いなぁ。
　来年はぜひワインか辛口の日本酒でお願いします（厚かましい……）。

モンブランのケーキもいただきました。

怖かったのでハイグーシャに食べてもらいました。私は2口ほど食べましたが、

美味！

あーん、危険すぎる。

　たけさんは、酒呑みの舌を持って生まれた私の好みを知り尽くしたおつまみグッズを送ってくださいました。

　甘いお菓子は丸屋スタッフと共にミーティングの時にいただいています。

　いつも本当にありがとうございます。

　仰ぐと微かに良い香りがする扇子。

　ラブホテルさん（仮名）から

のプレゼントです。
　さっそく愛用しております。

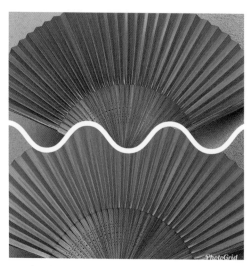

　ボルドーワインは美しい女性からのプレゼント。
　うわ、すごい！！
　これは特別な夜に開けなくちゃ。
　ありがとうございます。

　で、自分から自分へもプレゼント。
　普段私はキンドルで本を読むのですが……。
　Happy birthday to me にかこつけて、紙の本を購入。

　本棚がいっぱいなので、熟考。
　もう読まない本をなんとか探し出し、古本屋さんに持っていきました。
　面白くて一気読み！

　本にいざなわれるわけだ。

気づけば、もうこんなに。
空が高い。

　コロナ禍は深刻の一途を辿っていますが、私は幸福化の一途を辿っています。

　今日も元気に打った蕎麦を売って売って売りさばきます。
　今週も初台丸屋をよろしくお願いいたします。

　追伸
　プレゼント、全てご紹介できなくてごめんなさい。
　もう呑んじゃったり食べちゃったりしたためです。
　本当にありがとうございました！！

菊千代お姐さまは美しき魔女？！
2021/8/24

　土曜日。

　新宿の末廣亭を訪れました。目的は古今亭菊千代さんの落語です。

　もとから落語は好きですが、菊千代お姐さまは格別です。

　だって彼女は魔女だから。

　落語に登場する人物たちが高座に現れて、しゃべったり動いたり笑ったり食べたりするのです。

　ええ、私にははっきり見えました。

　土曜日の演目は「長短」でした。登場人物は気が長い長さんと気が短い短七さんの二人です。

　今回は長さんと短七さんのみならず、アイテムまでが「見え」ました。

「饅頭」と「煙草」です。

　短七さんが長さんの家を訪れ、長さんからお饅頭をもらって食べるのですが……。

　気の長い長さんはお饅頭をゆっくり半分に割って口に含むと、いつまでもムシャムシャ噛んでいます。

　よっぽどおいしいのか、にこにこ幸せそうな笑みまで浮かべています。

　それを見た長さんは「饅頭ってのはな、こうやって食べるんだ」とお饅頭を掴むと丸呑みして目を白黒させます。

　次に短七さんは長さんに煙草をすすめます。

　長さんは喜んで煙草を手にしますが、なかなか火がつきません。

　やっと火がついたと思うと、今度は悠長にふかしています。

　短七はもう我慢なりません。再び見本を示します。

「いいか、煙草ってもんはこうやって火をつけて、こうやって吸ってこうやってはたくんだ」

その動作の早いことと言ったらもう。

　しばらくすると長さんは切り出します。
「短七さんは気が短いから、人に何かを教わるのは嫌いかね？」
　短七は答えます。「ああ、嫌いだ」
「私が教えてもいやかね？」長さんがこう聞くと、短七さんは言いました。
「おめえと俺は子供の時分からの友達だ。悪いとこがあったら教えてくれ。怒らないから」

「本当に怒らないかい？」長さんは念を押します。
「怒らねえ」短七さんは言いきります。

「じゃあ言うけど、さっき勢いよく煙草をはたいたとき、煙草盆の中でなく短七さんの袖口に入ったんだ。
　煙がもくもく出ているから、ことによっては消したほうがよさそうだ」
　すると短七さんは激怒！
　叩いて火を消しながら怒鳴ります。
「どうしてもっと早く教えねえんだ」
　すると長さんは後悔するのです。
「ほら見ろ、そんなに怒って。やっぱり教えねえほうがよかった……」

　高座のあと、私は無性に饅頭が食べたくなって追分だんごの暖簾をくぐってしまいました。

　菊千代お姉さまの落語は耳が聞こえない方も楽しめます。
　高座で手話もなさるからです。
　まくらでは観客に簡単な手話を教えてくださいました。
　落語だけでも十分すぎる芸なのに、そこに手話を付け加えるなんて

尋常ではありません。
　やっぱり魔女だ！

　日曜日。
　いつものように義母のキヨコさんに会いました。
　リウマチと糖尿病を患っているので、病院をはしごするのです。
　日曜日って休日料金が加算されるので割高なんですよね。
　でも愛息子（私のハイグーシャ）と愛らしい嫁（私）の二人が揃う
のは日曜日だけ。
　仕方ないです。

　混み合う病院の待合室。
　キヨコさんと息子と私はばらばらに座りました。
　５分ほど経過すると、キヨコさんがじっと息子を眺めています。
　不思議そうな顔をして眺めているので、ハイグーシャはキヨコさん
の方へ歩いて行きました。
「なに？　どうかした？」
　そう言うと、キヨコさんはいきなり怒り出しました。
「アンタ、なんで病院にいるんだよ？　どっか悪いのか？」

　どうやら……。
　ここのクリニックはキヨコさんが認知症になる何十年も前からずっ
と一人で通院しているので、今日も家から一人で来たと思い込んでし
まったようです。
　一人で病院に来て待合室に座っていたら、目の前に息子に似ている
人が座っている。
　じっと眺めていると、やはり息子本人で……。

　息子は病気なんだろうか？

心配になって怒ってしまったようなのです。

「僕が車を運転してあなたをここへ連れてきたのですよ」
　ハイグーシャがやさしく説明しましたが、キヨコさんは納得できないようで……。

「私は電車とバスを乗り継いで一人でここに来たんだ、いつもそうしてる！」と強く主張していました。
　そう言いながら薬を受け取ると息子の車の運転席の後ろにどかっと座り、「今日は何曜日だっけ？」などと訊くのでした。
　前回は息子に向かって「アンタは兄弟何人いるのかね？」と面白い質問していたっけな。
　愉快なキヨコさんのお話でした。

　帰り道。
　遠回りして銭湯に寄ると、思いがけず濃厚黒湯温泉でした。
　黒湯にやさしく包まれると疲れが一気にふきとびます。
　湯上りに空を眺めると、数キロ先の羽田へ降りる旅客機（Boeing767-300ER）が高度1000フィート（約300メートル）で下降中。
　ここ、いいわ！
　共産党のポスターとともに、都心を通過する機体を満喫。

両方とも東京タワー！

東京タワーは333m。なるほど、東京タワーより低いです。

ただ航空マニアに「東京タワー」と言うと、羽田空港の管制塔しか思い浮かばなくて……。

ポスターを見た私は、しばらく意味がわからなくてぽわんとしておりました。

それでは今日も元気に商います。

たくさん蕎麦を打ちました。

暑い日は蕎麦！

打ったら売ります！

みなさまのご来店を楽しみにお待ちしております。

きたーっ！　2021/8/27

きたっ！

ついにきました。

　コロナ感染者数はちっとも減りませんが、私の友人知人に陽性者は皆無。
　お客様もみんな健康なので、一体どこで誰が感染しているんだろう？　と不思議で仕方なかったのです。
　が！
　ついに友人が「濃厚接触者」となりました。
　子供が保育園で感染しまったのです。
　友人の検査結果は陰性でしたが、これからしばらく小さな子供を自宅で介護するのですから気をつけていても陽性になる可能性は高いです。
　彼女は２回目のワクチンを一週間前に接種したばかり。
　抗体ができていますように。
　まだ子供に症状は出ていませんが、万が一ふたりして寝込んでしまったら……。
　心配です。
　大丈夫だとは思いますが、もしも連絡が取れなくなったりしたら私はいても立ってもいられなくなって家に行っちゃうと思います。
　そうしたら、私も「接触者」になるんですね。
　マスクをしていれば「『濃厚』接触者」にはなりませんが……。
　コロナの現実がいきなりぐっと迫ってきました。

　昨日の「東京新聞」に書かれていたのですが、デルタ株は「ひっつ

き虫」なんですって。

オナモミという植物です。

↓オモナミ（通称ひっつき虫）

　子供の頃、前を歩く同級生の服にくっつけて遊びませんでしたか？

　最初のコロナは「枯葉」のような感じだったので、うがいなどで「はらう」ことによって体から落とせましたが、ひっつき虫は一度くっついたら離れません。

　感染力も高いですが、感染した体の中でも他の細胞に「ひっつく」ので、体内感染の広がり方も早い。

　急変して亡くなるケースが多いのはこのためです。

　夕べクランキーさんから「なっちゃん、大丈夫？　東京は逼迫してるね」とメールがきたので、その時はまだ「へっちゃらですよ、コロナの「コ」の字もない日々です」と返信したのに……。

　今朝の友人からのメールで突然コロナが間近までやってきたのでした。

　彼女はシングルマザー。

常にものすごくたくましいのですが、こんなときは心細いだろうと思います。
　心配です。

　そんなわけで今日は金曜日。
　気がつけば8月も終わろうとしています。
　秋の虫が夜を奏で、風はどこからか金木犀の香りを運んできます。
　数年前、散歩の途中で金木犀が香ってきたことがあります。
　暑いけどもう秋なのね……と思ったら、お手洗いを流す音が聞こえてきて、金木犀はお手洗いの小窓から香っていたのでした。
　芳香剤かっ！

　山を背負った家に暮らしていたとき、窓を開けるとウグイスの歌が聞こえてきました。
　うっとり聞き入ってから家を出ると、猿股をはいたおじいさんが猿の腰掛に座ってウグイス笛を吹いていました。
　ややこしいことするなっ！

　夜がだんだん、長くなってきました。
　読書家の叔母が面白いと言っていた本を2冊買いました。
　有吉佐和子さんの『非色』と串田孫一さんの『山のパンセ』です。
　ご常連さんのアキラさんは29日から剣岳に登ります。標高2999m。
　ここは暑いけど、山頂は寒いでしょうね。

　いろいろありますが、今日も打った蕎麦を売る。
　これが目下のところ我がミッション。
　おいしいノンアルコールビール、きんきんに冷えてます！

8/31 という日　2021/8/31

　今日は夏休み最終日。
　子供たちは憂鬱だろうと思います。
　学校が好きな子っている？
　私は大嫌いでした。窮屈で、退屈で。
　我慢して耐えても一銭にもならないなんてたまりません。
　会社は我慢して耐えればゼニが稼げるから、学校よりずっとましな場所。

「早く学校に行きたい」と子供が口を揃えて言うような学校作りは必須です。
　学ぶことは、楽しいはずなのです。
　人間は寝て食べて生きているだけでは幸せを感じません。
　知的好奇心を満たし、自尊心を築き、他人の役に立っていることを自覚した上で喰って寝る。
　こうでなきゃ幸福を感じられない生き物なのです。
　暗記して板書してテストして、目立ちすぎないように、でしゃばりすぎないように、周囲の雰囲気と教師の目を気にしながら「良い子ちゃん」でいるなんて時間の無駄。
　そんな場所、行かないほうがいいと私は思います。

　やりたいことを「引き出し」て「育む」ことが教育です。
　じゃあ、何がやりたい？
　自分自身と向き合うには「自由」が必要です。
　やりたいことを見つけた子供に対しては導きサポートする。
　それが教育者の役割。
　学問とは各々の頭で物事を考える力を養うことです。

情報を暗記することではありません。

　さて、8/31。
　米軍は今日中にアフガニスタンから撤退しなくてはなりません。
　しかしまだたくさんの日本人も米国民も退避できていません。
　タリバン政権……どうなるのでしょう。
「暴力のない国際社会を作る、女性の権利も宗教の範囲内で尊重する」とは言っていますが、やっていることは滅茶苦茶です。
　毎日新聞の受け売りですが、日本でジェンダーを学んだあと本国へ帰還し政府機関で働く女性は一歩も外へ出ることが許されず、事務所前ではタリバンが「女は家にいろ、働くな」と言っているそうです。

　タリバンとはアラビア語で「神学生」を意味します。
　1994年、内戦下のアフガニスタンでイスラム教を学ぶ神学生たちを中心とした武装組織がタリバンです。
　1996年に政権を獲得しました。
　どんな政府だったかと言えば……。
　飲酒、禁止。
　音楽、禁止。
　女性教育、禁止。
　偶像崇拝、禁止。

　これは、学校より最悪です。

　2001年9月11日に米同時多発テロを起こしたウサマ・ビンラディンをかくまったとして米軍の攻撃を受け、タリバン政権は一旦崩壊します。
　でもタリバンはゲリラ化し米軍と戦い続けました。
　2003年、米軍はイラク戦争を開始。

米国がそっちに気を取られているうちに、タリバンはむくむくと勢力を回復！

　それはもうたくさんの命が犠牲となり、米国は250兆円、日本は750億円のゼニを費やしました。

　で、敗戦。

　敗戦でもなんでも、戦争を続けているよりはずっといいです。

　一昨日タリバンは、ファワド・アンダラビという有名な歌手を銃殺しました。

　そして言いました。

「イスラム教では音楽は禁じられている」

　北朝鮮より危険な政府の誕生です。

　なぜこうなってしまったのか。

　誰がタリバンを生み出したのか。

　多様性を重視すると言いながら、タリバンはテロリストだから排除しなくてはならないと私は決めつけていました。

　でもそれは最もしてはいけないことでした。

　今一度、タリバンの言い分も真摯に聞いてみようと思います。

　喧嘩両成敗よ！

　それにしても人がたくさん死に続けています。

　イスラム教に憲法9条をこっそり組み込める魔法があればいいのに。

老いてますます盛ん　2021/9/2

　涼しいを超えて、寒いくらいです。
　このまま秋になれば良いのですが、暑さがぶり返すと体がおかしくなってしまうでしょう。
　みなさま、ご自愛くださいね。

　友人の子供がコロナに感染しました。
　友人は会社を休み、自宅で子供と過ごしています。
　子供は陽性ながら無症状。友人は徹底的に気をつけて、なんとか陰性をキープしています。
　彼女はシングルマザーなので、自分がコロナに感染して肺炎になったりしたら子供の世話ができなくなってしまいます。
　ご実家のご両親も働いているので頼れません。
　子ども家庭支援センターというところに相談すれば一時的に子供を預かってくれたりもするそうですが。
　心配ですよね。子供も不安に陥ると思います。
　ひとり親家庭はこんな時も難儀するのです。
　ひっつき虫のデルタ株。
　感染しないで！！　と祈るばかり……。

　アキラさんが剣岳から地上界へ帰還しました。
　夕べ丸屋にお見えになったのですが、脚が２本ありました。
　生きています！！
　良かった。
　山小屋で在庫が尽きるまでお酒を呑んだそうで、剣岳でもキレイ好きな性分は変わりません。

内側からもアルコール消毒バッチリです。

悪天候につき途中で撤退を余儀なくされたそうですが、他日に挑戦するそうです。

逞しい74歳、まだまだ世にはばかります。

ヤクザよりこわいアキラさん。

悪徳経営者たち、覚悟せよ。

しかし呑み屋さんに対しては仏よりもやさしいアキラさんです。

丸屋はまだまだ安泰だわ。

命をかけて挑んだ登山なのに、お土産を買ってきてくださいました。

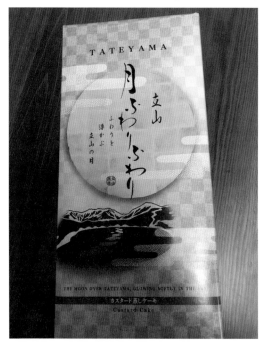

やさしい味わいでした。

スポンジがふわふわ！

ごちそうさまでした。

剣岳の絵葉書を一枚、飾りました。

Silent afternoon

見惚れてしまいます。

山は登るものではなく、「見る」ものですね。

……なんて、虚弱体質な夏恵の言い訳でした。

アキラさん、お帰りなさい！

夕べはトシローさんが地元の同志さんたちとおいでになりました。

ノンアル宴会しか開催できずごめんなさい。

素敵なお土産をいただいてしまい……。

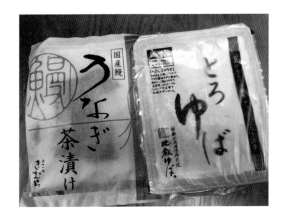

いつもいつも恐縮です。
でもすごく嬉しい！！

ゆば、大好物です。
私の体の半分はゆばでできていますから。
さすがトシローさん！

昨日は弟のシンジさんがいらしたので、トシローさんは慌てたのかもしれません。

そう、実は……。
トシローさんとシンジさんは、夏恵にぞっこんなのです。

とても仲良しな兄弟だったのに……。
今もとても仲良しですが、それはきっと表面的なものでしょう。

ここで通常、ヒロインは叫びます。

「私のために喧嘩しないで！！」
お約束ですね。
でも私は昔から風変わりな子なので、そんなことはいたしません。

もっと火花を散らして！！
私のために激しく争って！！

そう思っています。
罪だわ、私。
罪な46歳。
老いてますます盛ん。
えへ！

On Books

　コロナが与えてくれた恵みの1つは時間です。

　営業時間の短縮を強いられ、酒類の提供も禁じられた店では、毎日閑古鳥が狂ったように鳴いていました。

　休日も夏休みもお正月もどこにも出かけることができません。

　与えられた時間で私は本を読み、感想文をブログにあげました。

　未読の方が読んでもわかるように書きましたので、楽しんでいただけると思います。

　話の展開も結末も暴露されていますが、これから読む方も心配には及びません。

　面白い本というのは結末がわかっていても、読者を満足させるものなのです。

　それでは、on books へようこそ。

牧水の恋
俵万智

（文春文庫，2021）

「エロ本だよ」
　アキラさんはそうおっしゃって一冊の本を手渡しました。
　わっ、エロ本！
　お子ちゃまの私に理解できるかしらん。

　タイトルは『牧水の恋』。
　著者は俵万智です。

　俳人・若山牧水は、恋と旅と酒の人生を送りました。
　恋の相手は小枝子という女です。
　美しいけれど、悪い女。
　俵万智は牧水と小枝子の恋がどのように始まり、いつ肉体関係を結び、どのように終わったかを牧水の「歌」から読み解きます。
「かなし」と「さびし」のニュアンスの微妙な違いや、言葉のトーンにいたるまで、深く読み込んで分析するのです。
　俵万智はきっと、牧水に恋してしまったのでしょう。
　そうじゃなきゃ、こんなことできません。
　牧水の歌の内容、その言葉選びやニュアンスから、この歌を詠んだ時の牧水の心理状態を探ってゆきます。

　では、我々も参りましょうか。
　ようこそ、牧水ワールドへ。

　牧水が恋した小枝子は、既婚者でした。

牧水と恋仲になりましたが、小枝子には他にも付き合っている男がいたのです。

　まだ姦通罪がある時代でしたので、今みたいに気軽な気持ちで不倫なんてできません。

　でもだからこそ、そこには濃厚なる甘い蜜が沸き上がるのでしょう。

　恋とは秘めたるもの。墓場まで持っていく覚悟で挑む恋には、恋の醍醐味が詰まっています。

　高揚感と苦しみ。

　覚せい剤中毒者のように相手を求め続けるのでしょう。

　でも結婚して穏やかな日常生活を営むと、あんまり相手を求めなくなりますよね。

「え？　出張で３日間いないの？（ラッキー♡）」なんて、ひとり時間が愛しくなったり「え？　単身赴任？　それって決定なの？　やだよ、やだやだ、淋しい！！（わーい、やった〜〜♡）」etc……。

　でも非日常感あふれまくりの恋をしている人は、この「日常」が喉から手が出るほどに欲しいのです。

　牧水は、不倫相手の小枝子を歌の中で「妻」と呼びます。

　吾妻はつひにうるはし夏たてば白き衣（きぬ）きてやや痩せてけり
　（白い服をまとう我が妻は美しい、けれど少し夏痩せしたようだな）

　樹々の間に白雲見ゆる梅雨晴れの照る日の庭に妻は花植う
　（梅雨晴れの木洩れ日降る庭で、妻が花を植えている）

　穏やかな夫婦の日常のひとときを歌っていますが、これは、こうなれたらいいなという牧水の憧憬なのだと俵万智は分析しています。

　猛烈に切ないっ！

やがて恋は終わります。

　泥沼でした。

　牧水は小枝子が既婚者だったことを知り、酒に溺れます。しかも小枝子は妊娠します。誰の子供なのかはわかりません。生んだ子供は里子に出しましたが、牧水の俳句が注目されはじめると小枝子本人やその親族から養育費を請求され、牧水は逃避の旅に出ます。注目されはじめたといっても、新人歌人。そんな甲斐性はとてもありません。

　牧水がお金を払わないと子供は死ぬなんて手紙が届きますが、脅しではなく、やがて子供は本当に死んでしまいます。

　牧水、もう心も身体もボロボロです。

　それでも牧水は歌を生み続けます。

　苦しい恋から生まれた数々の美しい歌は、今でも詠まれ続けています。

　牧水を振り回し続けた悪魔・小枝子を、牧水は未練たらしくずっとずっと想っていました。

　あびるように酒を呑んだ牧水は肝硬変で命を落とします。

　小枝子は最後まで牧水の人生に影響を及ぼしました。

　苦しくて成就しない恋って、永遠に輝くのかもしれません。

　小枝子にとっての牧水は、恋した男たちの中の「1人」だったのに……。

　その温度差が作品をますます昇華させたのでしょう。

　小枝子は牧水の名作の中で永遠の命を得ました。しかも永遠に美しいまま。

　本当に美人だったそうですが、牧水の美化も多分にあると思います。

　恋は盲目。

　もしも2人の恋が成就してともに人生を歩むことになったら、そ

202

こにあるのは嫌になるくらいの「日常」です。

　マゾっ気の強い牧水のことだから、そうなったらそうなったで……。

　別の小悪魔ちゃんを見つけてしまうかもしれませんよ。ふっふっふ。

　牧水の恋、明日も続きます。

　お楽しみに！

続・牧水の恋

　白鳥は哀しからずや海の青そらのあをにも染まずただよふ

（白鳥は哀しくないの？空の青にも海の青にも染まらずに漂っている）

　ご存知ですよね。たぶん、学校で習います。染まらぬ白鳥の歌は牧水の代表作。

　頭の中に白と青の爽やかな世界が広がり、白鳥が飛ぶ青い世界にマインドダイブ！

　ああ……なんて美しい世界でせう。そして青くは染まらぬ白鳥に、自身の孤独を重ね合わせて切なくなる、そんな贅沢な歌。

　この頃の牧水は、恋仲になっているはずの小枝子と肉体的に結ばれないことを悲しんでいました。

　小枝子には別居中の夫（と子供２人）がいるし、赤坂塘三という名の恋人もいます。ゆえに、牧水と（も）ねんごろになるのを躊躇っていたかも知れません。いくらなんでも……三股はねぇ？　名前とか間違えたら厄介だし……といった感じでしょうか。やるな、小枝子。

上記の美しい歌は、小枝子を白鳥に見立て、青く染まらない（自分とまぐわらない）ことを悲しむ想いから生まれたようです。
　悩ましき恋が生んだ歌。
　それが世代を超えて読まれ続けている「ヤれない白鳥ソング」なのです。

　牧水と小枝子。
　幸せなときもありました。

　山を見よ山に日は照る海を見よ海に日は照るいざ唇を君

　なんて豪快な歌！
　オーケストラの生演奏が脳裏に響き渡るような歌です。
　俵万智の細やかな調査の結果、この歌を書いた頃の牧水はようやっと小枝子と結ばれています。ヤってやったぜ……恋愛成就！　つまり合体成功を高らかに歌った一首ということです。メイキングラブが山と海と太陽にまで高まるのですね。スケール、大きいゾ。

　きわめつけには、
「いざ唇を君」
　接吻、寸止めです。

　オーマイガッ！！
　なんてドラマティック。
　牧水くんから欧米の香りがした瞬間。

　ま、でも。
　牧水の幸せは長くは続きません。
　牧水は小枝子が赤坂塘三とも恋仲であることを感じ取っているので、肉体関係を結んだあとはなお苦しみます。

さらに、小枝子が既婚者であることも知って、もっともっと苦しみます。

　やがて小枝子は妊娠し、生んだ子供を里子に出しましたが、子供は死にます。牧水はまたしてももがき苦しみます。呑んだくれながら苦しみを歌に変えてゆきます。

　ここで、もう１つ。

　オーマイガッ！　なお知らせをいたします。

　小枝子が生んだ子供は牧水の子供ではなーい！のデス！

　赤坂塘三が里子に出す手続きをしたことがわかっているので、塘三のお種である可能性が高いというわけです。

　ショックなことは続きます。

　小枝子は牧水に子供の養育費を無心するくせに、別居中の夫と離婚して……。

　赤坂塘三と結婚！！

　さらに！　赤坂塘三の子をまた宿します。しかも数人……。

　今度は手元に置いて、夫婦で育て穏やかなマリッジライフを送ります。

　一方で牧水は……。

　のちに結婚し、子供を２人授かります。

　やっとやっと小枝子を忘れたのかと思いますよね？　が、答えは否。結婚後も小枝子に未練たらたらなのです。

　小枝子は確かに悪魔だけど、牧水も牧水だよ。アンタ、どＭか？！

　俵万智は本書をこのように締めくくっています。

「恋は、いつ終わるのだろうか」

私はこのブログを以下のように締めたいと思います。

　芸術は愛せど、芸術家は愛すべからず。

　どんなに作品が素晴らしくとも、才能ある芸術家はろくでなしです。
　牧水の妻は、牧水の才能に惚れていました。彼女自身も歌を詠んで
いたのです。彼女は牧水に理解を示し、サポートし、数々の作品を年
代別に仕分け、大切に保管しました。歌人としての牧水を完成させた
のは妻だったのです。
　しかし牧水の作品はほぼ小枝子一色。

　もう一度言います。

　芸術は愛せど、芸術家は愛すべからず。

集金旅行
井伏鱒二

（新潮文庫，1979）

　牧水が恋した小枝子を、井伏鱒二の『集金旅行』で見つけました。
キャラクターが実によく似ているのです。
名はコマツさん。

　では、参りましょう。
ようこそ、集金旅行へ。

　コマツさんが暮らしているアパートの大家さんは、小学生の息子を
残して死んでしまいました。大家さんは博打の負けが込み、このアパ
ートを抵当に入れていました。
　本書の主人公（中年の男性）は残された大家さんの息子のためにお
金を作ろうと思い立ちます。で、部屋代未納のままアパートを去った
人達を訪ね（6年間に17人もいたことが判明）、家賃滞納分を集金し
てまわる旅に出るのです。
　なお、大家さんの細君は3号室を借りていた通称「三番さん」と
逐電……。大家さんは逐電した細君の悪口を言いながら息をひきとっ
たため、後始末のことを言う暇がなかったのだそうです。
　主人公が優しい人であることに間違いはないのですが、旅がしたい
がために集金という名目を思い立ったにすぎない……とも言えるのが
愉快なところ。

「私は旅行に出たいと思っていた矢さきなので、旅費自弁で出かける
と言った」

最初の行き先は岩国です。

アパートの住人たちが岩国の名物は何だろう？　などと呑気に話していると、コマツさんは「鮎・織物・紙・酒の瓶詰め」と淀みなく言います。この町には彼女の悪い恋人がいるのだそうです。

話しているうちに彼女は興奮し、自分も一緒に出かけていってその悪い恋人から慰謝料を巻き上げてやると言い出しました。

「あなたが行くとおっしゃるなら僕は妨害しませんが、それとこれとは問題の性質がちがいます。こちらは岩国の町だけではない、福岡にも、尾道という町にも、岡山にも神戸にも、岐阜にも寄ることになっています」

「そうですかしら。でも、そうおっしゃられるとあたくしも言いたくなりますわ。あたしも、岩国だけでなく福岡にも尾道にも、大阪にも岡山にも岐阜にも悪い恋人がいます。この際、ひとまとめにみんなから慰謝料をもらって来ることにいたしますわ」

コ、コマツさん！！

ということで、2人は一緒に旅をすることになりました。

コマツさんはうまくいけばアパートを抵当から受け出して、大家さんの息子を援助しても良いと言います。コマツさんも優しい人なのですが、援助うんぬんよりも悪い恋人達に一泡ふかせたい気持ちの方が強そうですね。

さて旅の行方はいかに。

続きはまた明日。

続・集金旅行

岩国に到着した主人公とコマツさん。ひとまず宿を取って休憩することにします。

コマツさんは年配で口が軽そうな女中さんを捕まえて、慰謝料を取りに行く家庭の事情を聞き出します。最初は警戒していた女中さんでしたが、コマツさんが結婚の聞き合わせ（←身辺調査のようなものですね。当時、特に田舎ではよく行われていました）のようなことをしていると言うと騙されてペラペラ喋りだしました。

　主人公の集金先の家は金融業を営む大きなお屋敷でした。門にはでっぷり太った老人が構えていて、主人公を威圧します。主人公が訪問理由を述べると胡散臭そうに家主を呼びに行き、家主もまた腕を組んで主人公を訝しみます。

「実はお宅の御子息の下宿されていた望岳荘アパートの部屋代滞納のぶんをいただきに来た」
「倅の借金のことなら倅にきかなくてはわからない」
「それなら御子息の記憶をよび起こすように、あなたからそうおっしゃってください。私はここでお待ちしています」

　こんなやり取りを経て、これは待たされそうだなと思いながら主人公が一ぷくとたばこに火をつけていると、
「やあ失敬失敬。望岳荘のおやじさん死んじゃったってね」
　軽快な口を聞く倅が現れます。
「失敬失敬、早く送ろう送ろうと思っていたんだがね。なにしろ、だんだん送りにくくなって来たんだよ。これ受け取ってくれたまえ」
　主人公、呆気なく集金に成功です。
　受取証に日付を記入していると、この倅は神楽坂の何とかという店のレモン茶が飲みたいだとか麻雀がどうのこうのということをぺらぺらとしゃべり続けます。
　で、不意にこの倅は望岳荘主人にお金を貸していたことを思い出すのです。
　これはまずいと思った主人公、まだ相手がおしゃべりしているのに

慌てて引き上げます。

　自分の集金ぶりに満足して宿に帰ると、主人公は宿の亭主に「いま、お部屋に御来客がありますですがのう」と教えられます。客人はコマツさんの悪い恋人です。主人公が隣の部屋に入ってみると、コマツさんのふんわりした話し声と濁った男の声が代わりばんこに聞こえてきました。話は相当に混み合っています。
「とにかく、弁解のしようはない。つくづく俎上の魚だと思っております」
「あたし、言いたいことを20年もうっちゃっといていましたけれど、思いたったからやって来たわけなんですよ。すこしばかり問題を、うっちゃってきすぎたかしら」
　ちょっとコマツさん、20年もですか？！
　20年前の悪い恋人に正々堂々と因縁をつける美女、コマツ。
　絶対に目当てはお金だってば！

　コマツさんもまた、慰謝料をもらうことができました。
　男が宿を出て、主人公は部屋に戻ります。コマツさんは足を投げ出してたばこをふかしながら手酌で呑んでいました。空のお銚子が数本並んでいます。片手を畳について反りかえり、煙を天井にむかって吐きます。

「これでは漠連女とちっとも変わらない」
　主人公はそう思います。
　この漠連女という表現がまた良いですね。はすっぱとか、すれからしを意味します。なんだかあたくし、コマツさんに親近感を持ってしまいましたわ。
　コマツさんはとても怒っていました。おしゃべりな女中さん曰く「人格者」であるというその男はしかし、コマツさんが話している間中コマツさんの手を握っていたのだそうです。

いるいるいる～、こういう男。
あわよくばって思っていたのね！

　用事が済んだので、2人は汽車に乗って岩国の町を発ちます。汽車が厚狭（あき）という駅を通過すると、コマツさんはこの近くにも慰謝料を要求してもいい相手がいると言い出します。「つまんない平凡な男なんですけれど」だそうです。
　コマツさんは続けます。「それからこの沿線で、下関にも1人いますの。これは亡くなっているかもしれませんが、生きてさえすりゃ確かに大ものですわ」
　一人一人訪問して慰謝料をとりたてて行けば、次第にその技術もうまくなってくるだろうと言ってコマツさんは笑いました。
　いやぁ、私も笑っちゃいましたよ、コマツさん。あんた、いい性格してます。

　下関駅に到着すると、2人は福岡行きは翌日にして「宿屋じゃございません、ホテルでございます」と言う客引きの案内で宿泊地へ向かいます。コマツさんは下関の「生きてさえすりゃ大ものなんですけれど」という男から集金したい気持ちになったのです。
　これは岩国の男のようにあっさりとはいかず擦った揉んだがありましたが、それがまた可笑しくて……。
　下関の「生きてさえすりゃ大もの」とコマツさんのやり取りはまた明日！
　お楽しみに。

集金旅行、最終回

　コマツさんは下関のホテルから「生きてさえすりゃ大ものなんですけれど」の男に電話をして慰謝料を要求します。

　男は慰謝料は知り合いの医師に渡してもらうよう段取りを付けると請け合います。そして男はコマツさんもそろそろ身を固めた方が良いと言い、その知り合いの医師との見合いを勧めます。

　まっ、余計なお世話ですね。

　コマツさんはその医師と福岡で落ち合うことにします。見合いなんてうっちゃって、医師から慰謝料を受け取るだけの心づもりであることは言うまでもありません。

　その医師は間の悪いことに、夜の10時過ぎにコマツさんを訪れます。休んでいるのを起こされたコマツさんは、「寝化粧は、しておくものね」と言って医師に会いに出ます。

　わたくし寝化粧なんてしたことありませんので勉強になりましたわ、コマツさん。

　コマツさんと医師が隣の部屋で会っている間、主人公は呑みに出かけて行きます。そうして酔っ払い、翌朝はなぜか知らない他人の寝床のなかにもぐりこんでいたのです。

「駄目ですわ。お医者の寝床にもぐり込んだりしちゃ。いくら起こしても動かないんだもの。酔っぱらい」

　主人公はコマツさんにたしなめられます。どうやら主人公は下関男が送り込んだ医師の部屋で寝ていたようです。

　医師は美女コマツにすっかりご執心。で、2人の集金旅行に着いてゆく展開となってしまうのです。閑なお医者ですねぇ。

コマツさんは下関男からの慰謝料をお医者から受け取っているので、あとはもう知らん顔。

　主人公とコマツさんが尾道駅の駅前旅館に立ち寄ると、お医者も後を追って2人の隣に部屋を取ります。でも2人はお医者が湯殿に行った隙に宿を出ます。
「いまのうちに、あの人物をまいちまいましょう。大急ぎ」
　コマツさんはこう言って旅館のドテラを脱ぎ主人公に裸体を見せながら「姫御前のあられもないというところですかね」と悠々とかまえて着物を着けます。主人公もすぐさま洋服に着替えて小走りに廊下を駆け出し宿を出ます。

「このままうっちゃっとくと、あの男は当分この町をうろつきますね。電話をかけて、早く自分の家に帰るように暗示してやったらどうでしょう」
「うっちゃっときましょうよ。うろつくなら勝手にうろつくがいいわ。あたしの知ったことじゃないんですもの」
　コマツさん、やはり悪魔です。主人公がお医者の動向について考えていると、コマツさんは神経衰弱の強度なものだと断定してしまいます。
　あっぱれ。

　こうして擦った揉んだしている間にも主人公は集金に精を出しています。成功したり失敗したり滑稽な事ばかりです。でもごめんなさい。こっちは端折ります。

　次に2人が降り立つ地は福山。コマツさんのターゲットは津村順十郎なる男です。通称、ツム順。大金持ちです。
「ツム順に痛い程に感じさせてやらなくちゃ。とうとう」
　コマツさんはいつもより念入りに化粧をします。

　コマツさんは津村順十郎を訪ね、油をしぼって来ると息巻いて出か

けます。主人公はひとりぼんやり宿で待ちますが、コマツさんは１時間経っても２時間経っても帰ってきません。

　しばらくすると津村家の一番番頭が訪ねて来ました。
「あなたは東京のお客さんのお連れの方でございますな。それでは、この手紙をお読み願います」

　手紙はコマツさんからでした。内容は集金旅行を打ち切りにするというものでした。
「わたくしは平和になれる見込みです。いまでは津村氏は男の未亡人です。いい人です。ではさようなら」

　コ、コマツさん！！

　主人公が宿を出て駅へ向かって歩いていると、桁違いに大きなお屋敷が見えてきました。門の柱に「津村順十郎」と書かれた表札が打ちつけてあります。
　主人公は「ひどいことをしあがるなあ」と再三再四つぶやきます。
　で、おしまい。
　そう、これでこの物語はおしまいなのです。
　この放り出される感がたまりませんね！

　文中には書かれていませんが、本書の主人公はコマツさんに気があります。

　コマツさんの言動や行動、所作から仕草にいたるまでこと細かに語っているのがその証拠。だからコマツさんが元カレに走って集金旅行を一人ぼっちでしなくてはならなくなった途端、作者は物語を終わらせます。
　だってコマツさんがいなくなってしまったら、もはや語ることなど何もないのですから。

コマツさんは、ひょっとしたら井伏鱒二にとって「牧水の小枝子」なのでしょうか？

　滑稽かつ飄々とした文章は、作者の照れ隠しのようにも思えます。

　コマツさんと津村氏が一体どんな風に再会を果たし、何を語りいかにしてやけぼっくりに火がついたのか、読者には一切語られません。あるいは、はじめからコマツさんは津村氏と寄りを戻す算段だったのかもわかりません。いやいやコマツさんの行き当たりばったりな性質上そんなことはないでしょう。でもコマツさんは無鉄砲でいて案外したたかに計算するタイプにも見受けられます。

　と、こういう風に想像が膨らむ物語って本当に楽しいです。主人公の集金旅行もこの先どんな展開が待っているのでしょうね。

　魅惑の年増な美女、コマツ。

　全国に艶聞を轟かせる女。

　特定の男とのんびりおさまるタイプではありませんね。

　だから津村さんともきっと長くは続かないと思います。

　でもコマツさんはこれからもますます逞しくなるのでしょう。それに比例し、艶も増すのでしょう。

　物語にはコマツさんの手練れぶりが事細かく描かれていて、それが妙に魅力的なのです。

　コマツさんはお行儀が良いわけではありませんが、色香というものは大いにして一般的な道徳観念を裏切るところに存在するのです。

　コマツさん、勉強になります！

カラマーゾフの兄弟

ドストエフスキー

（岩波文庫，1982）

これでもかというほど下世話な小説！

人間関係も男女関係ももつれにもつれてドロドロです。

で、得てしてこういう話はおもしろい。

しかし読みにくいです。

ロシア人の名前を覚えるだけでも大変なのに、愛称で呼んでみたり、呼び方が急に変わったりするので、そのたびに戻って誰が誰なのかを確認しなくてはなりません。

なので、わかりやすい名前に置き換えてみました。

主な登場人物はお父さんと４人の息子たちです。

お父さんの名は拓也。

長男、太郎。

次男、二郎。

三男、三郎。

で、四男はスルメ。

拓也は金持ちで女好きの性悪親父。

マナミという名の愛人がいるのですが、長男の太郎もマナミに惚れています。

拓也と太郎は金絡みの揉め事もあり、昔から犬猿の仲。そしてそれは周知の事実。

次男の二郎は頭でっかちな男の子。

熟考の末、無神論者となります。

「神はいるのか、いないのか」

「いるとすれば、神がいるはずのこの世界でなぜ悪が存在するのか。それはいったい何のためなのか」

「神が存在しなければ、全ての悪は許される」

　最後の文章は大事です、覚えておいてくださいね。

　二郎は太郎の婚約者のナナオに恋をしています。

　太郎は父の愛人のマナミが好きだと伝えましたよね。でもナナオという婚約者がいるんです。

　ああああ、もう！　複雑だわ！

　ちなみに父とその長男から想われているマナミは、父と息子を翻弄して楽しむ悪女。

　ここにも牧水の小枝子がいましたね。まさかロシアまで来て小枝子と会うなんて……。

　不可解な女性もいます。

　二郎の婚約者、セツコです。

　セツコは二郎のことが好きではないのですが、事情があって二郎に借金を申し込みます。

　自らの肉体を差し出してお金の無心をするのです。

　ところが二郎は肉体関係を持たずにお金を貸します。

　するとセツコは怒り狂って二郎への復讐を誓うのです。

　なぜか、わかりますか？

　尊敬できないバカ男に頭を下げてやったのに自分の肉体を拒まれるのは屈辱でしかない！

　……と、セツコは思うのです。

　私には理解不可能ですが、セツコは複雑怪奇な女人なのでしょう。

　さらに不可解なことが起こります。

　セツコは二郎に求婚します。

　で、2人は許嫁となります。

　二郎が太郎の婚約者ナナオに惚れていることをセツコは知っていて、許嫁となるのです。

ある日セツコは莫大な遺産を相続します。

　お金を手に入れたセツコは二郎から借りたお金を返済し、それでも有り余るほどあるお金を二郎に預けます。

　二郎がそのお金をナナオにつぎ込むとわかっていて、わざと預けるのです。

　二郎はまんまと預かっていたお金をナナオにつぎ込みます。

　それで、「二郎は許嫁から預かったお金を他の女につぎ込んだ卑劣かつ無思慮なばか男」という事実が出来上がり、セツコは復讐を果たすことができた、というのです。

　うーーーん……よくわからない……

　お金はもっと大切にした方がいいと私は思うのですが。

　こんな人ばかり出てくるので理解に苦しみますが、斬新ですよね。

　三男の三郎は唯一善良なキャラクターです。

　性悪な父や太郎のことも「いい人だよ」と言っています。

　呑気ですねぇ。

　神はいると信じていて、恋人のすずとも相思相愛。

　おもしろくはありませんが、ほっとします。

　四男のスルメは暗くてひねくれた性格の男。

　冒頭では召使いとして登場しますが、実は拓也の息子だということがあとからわかります。

　スルメは自身を他の兄弟とは腹違いだと考えていますが、事実は明らかにされていません。

　そして直接あらすじとは関係ないゾシマ長老という人物も登場します。三郎が通う修道院の長老なのですが、突然出てきたかと思ったら70ページに渡って自己紹介をするのです。

ここで私は何度も挫折しました。

ようやっと全体を読み終わり、今、感じています。

ゾジマ長老の紹介そんなに必要か？！

無駄に長い小説はしかし、コロナ向きかもしれませんね。

こういう時じゃないとなかなか読破できないもの。

登場人物の説明は長くなりましたが、あらすじはシンプルです。

ある日拓也が殺されました。

拓也と険悪な仲だった太郎が疑われ、殺人犯として逮捕されます。

しかし実際に殺したのはスルメでした。

スルメは拓也の息子なのに召使いにされていたことを恨んでいたのです。

スルメはサイコパスになっていき、最終的に「二郎が全ての悪は許されると言ったから殺した、二郎も一緒に拓也を殺した」と言って自殺します。でも二郎は殺していません。

そんなふうに言われて困った二郎は……。

……発狂します。

太郎は裁判で「父を殺していない」と主張しますが誰にも信じてもらえずにシベリアへ送られてゆきます。

以上！

本書の楽しみ方は、金と女を巡ってもつれ狂う親子（拓也と太郎）の下世話なやりとりです。

そしてそんな親子をからかってもて遊ぶマナミの悪魔っぷりもまた一興。

兄（太郎）と弟（二郎）を翻弄するナナオもなかなかです。

下世話な父（拓也）と長男（太郎）を見て育った二郎は「この世に神なんていない」と考えるようになり、二郎を尊敬してやまないスル

メに無神論を説くと、スルメはサイコパスになって拓也を殺すに至ります。

スルメは太郎に罪をなすりつけて自殺し、二郎は前述した通り発狂します。

三郎はそんな父と兄弟たちを蚊帳の外から傍観しています。

そしてこんなことになっても、いや、こんなことになってしまったからこそ、より神様を信じる素直な子。

ただ1つ心配な点もあります。

恋人のすずとは相思相愛なのですが、すずがちょっとヘンなのです。「指を切り落とされた子供も素敵だし、軽蔑されるのも素敵」と言うセリフがあるのですが、誰か意味わかります？

すずは兄の二郎を自宅に招いて、背徳的な思いを告白します。

「子供を磔（はりつけ）にして、パイナップルの砂糖漬けが食べたい」

二郎は「それは素晴らしいね」とすずを絶賛します。

あああああ、もう。わけがわかりません。

すずは恋人の三郎にもおんなじ思いを告白します。

すると三郎は「そんなことを思うすずも好きだよ、すずの全てを、悪いところも含めて愛してる」という思いを示します。

そんな三郎の愛をすずは「炭酸の抜けたシャンパンみたい」と感じるのです。

いやはや、変な人ばかりだ。

実に面白い。

ドストエフスキーが問うていることは、1つだけです。

罪に対する赦しとは何か？

これは彼の書に一貫している問いでもあり、場所や時を超えても変わらず存在する問いです。

書き終える前に亡くなってしまったので未完成の作品ですが……。

ヘルシンキにいたはずのゴールデンウィークが、コロナのおかげでカラマーゾフ一家と触れ合うことになりました。

　これもまた一興ですね。

偶然の家族

落合恵子

（東京新聞，2021）

　中学生の時に読み、たちまち好きになって何度も読み返しました。
本書は、私ののちの人生を決定することになります。
　ずっと、私の軸になっている一冊。

　1990 年に中央公論社から刊行された本書は、31 年という時を経て
東京新聞より復刊。

「なっちゃん、これ知ってる？」
　ある日アキラさんが本書を私に見せてくれました。
「知ってます！　十代の時に読みました。すごく好きな本で、大切な
一冊です」と答えると、「加筆して、今年復刊したんだよ」とおっし
ゃり、読み終えた本をくださいました。

　物語は続いていたんだ！
　そう思うと、じん……と感動が押し寄せました。
　感慨深い。

　小学校時代、私は家族とともに渋谷区本町 4 丁目にある「月の輪
荘」という六畳二間の古い長屋に暮らしていました。
　綺麗好きでおしゃれなひさちゃんは外側（ボロアパート）からは想
像もつかないようなモダンな部屋に仕上げていたので、理恵も私も満
足して暮らしていました。
　新宿まで徒歩圏内の安アパートですから、「訳あり」の人たちも暮
らしています。

みんな子供の理恵と私にすごく優しくしてくれました。
　両親が共働きだったので少し寂しいとき、長屋の庭（兼、草がボーボー生えた駐車場）に出ると、誰かが立ち話に花を咲かせています。私が行くとおやつをくれたり話し相手になってくれたものでした。
　もちろん当時は、みんなが「訳あり」だなんて思いもよりませんでした。
　シングルマザー、お妾さん、水商売従事者たち。
　うちも蕎麦屋なので水商売。したがって「訳あり」の一味です。
　商いはなんでも水ものなのにね……。
　そう言えば学校でバカな教師に「水商売の家の子はだらしない」と言われたことがあって、私は初めて自分は差別される側だと知りました。そのとんでもない教師には後日復讐しますが、それはまた別のお話です。

　坂の下のアパートにはゲイのカップルや女装した男性たちが暮らしていました。
　近くの小さな公園で（「本町北公園」、今もあります）、女装してる男性や男装している女性とブランコを揺らしながらおしゃべりを楽しみました。私が学校がいかに退屈かを語ると、みんな優しく耳を傾けてくれました。
「嫌なら無理して行くことないし、つまんない友達ならいないほうがいい」
　そう教えてくれたのも彼ら彼女たちです。

『偶然の家族』は、中野区にある古いアパート「かりん荘」に暮らす「訳あり」の人々のお話です。
　その物語がなんのつっかかりもなくすっと入ってきたのは、私が子供時代に触れ合った底なしに優しい人たちのおかげだったのでしょう。
　そしてお妾さんや女装家さん、ゲイの人々など、マイノリティの人に対して１ミクロンも偏見を持たずに接した両親の態度も関係してい

ます。
　商売をやっている両親は、人の職業や立場、性別ではなく、「その人がどんな人か」で全てを判断していました。
　それは今でも変わりません。

　『偶然の家族』に出合わなかったら、私は婚姻するたびに姓を変え、離婚するたびに戻していたかも知れません。
　せわしないネーミングライフになるところだったわ！
　私が人生を共に過ごすパートナーに出会っても婚姻制度を利用しないのは、制度に瑕疵があるからです。
　選択制夫婦別姓もできないし、同性婚もできないなんて！

　でも納得して利用している人を私はおかしいとは思いません。
　その人が納得していればなんの問題もありませんよね。

　ゲイでもレズビアンでもノンケでも、結婚したい人は結婚できて、したくない人はしなければ良いのです。
　選択肢がないということが問題なのです。

　相手を本当に愛してないからあなたは名前を変えられないんだと、私はこれまで何百回も言われてきました。
　愛してることと制度は別だと主張すればするほど、「愛を知らない可哀想な人」だと憐れまれる一方でした。

　『偶然の家族』。
　そんな人にこそ読んでほしい一冊です。

あとがき

　2023年10月現在、私は初台丸屋の代表取締役として店に立っております。偉くなったわけではなく、インボイス制度によってこれまでのアナログなやり方が通用しなくなったため、事務作業全般を電子化にしたためです。76歳になった父ミツカズは「会長」へ。相変わらず有り余るほど元気で、今日も怒鳴り散らしては大威張りです。

　コロナは2023年5月に5類感染症となり、店はコロナ前の活気を取り戻しました。本書に登場するご常連さんたちは今でも足繁く通って下さいますし、かつてのご常連さんたちも戻ってきてくれました。

　しかしコロナは今も健在です。店先や店内のいたるところには消毒用アルコールを設置し、定期的な換気も行います。相席するときは十分なスペースを取り、仕切り版を置きます。

　苦しかったコロナの3年は、徐々に感謝の3年へと変わってきました。店が今もあるのは、緊急事態宣言の真っ只中にもかかわらず通って下さったご常連さんたちのおかげです。

　これから先も困難はあるでしょうが、感謝の気持ちを忘れずに挑み続けてゆきます。

　写真を撮ってくれたサノスケさんこと下田純也さんは、休日に重たいカメラを背負って店に来てくれました。蕎麦粉飛び交う中、骨の折れる撮影でした。ありがとうございます。そして本書登場レギュラー

メンバーのみなさまにもお礼を申し上げます。みなさまあっての初台丸屋です。

　落語家の古今亭菊千代師匠が、本書の帯を書いて下さいました。夢のようなことです。おかげで店にいらしたことのない方も、本書を手にする機会ができました。お読みになってくすっと笑い、「こんな蕎麦屋もあるんだ」と明るい気持ちになって頂ければ最高に嬉しいです。

　最後に、丸屋ブログの書籍化を勧めて下さったアキラさんこと高井晃さんに深く感謝いたします。アキラさんは緊急事態宣言中も、まん延防止法中も、「そんなの関係ない」という感じで丸屋に通い続けておられます。もうアキラさんに足を向けては寝られませんが、私は方向音痴なのでアキラさんがどちらの方向にいらっしゃるのか分かりません。

　よって、今日も足裏の手入れに余念がないのでございます。

田村夏恵

*写真　左から母・ひさこ、父・ミツカズ、筆者、妹・理恵

田村夏恵 (たむら・なつえ)

1975 年生まれ。

東京都渋谷区で蕎麦屋で丁稚奉公する両親のもとで育つ。

1989 年に両親が独立し、渋谷区初台に「そば処　初台丸屋」をオープンさせる。

大学卒業後は丸屋に就職せず会社員となるが、母親の入院をきっかけに丸屋を継ぐことを決める。

現在は 2 代目若女将として奮闘中。

昔気質の父ミツカズと衝突しながら、しっかり者の妹理恵を頼りにしている。

ぶっ飛んだ天然気質の母ひさちゃんは、丸屋の縁の下の力持ち。

すったもんだしながらの家族経営を、丸屋ブログにて毎日発信中。

〈写真撮影〉

39p、111p、132p、168p、227p：下田純也

93p：M101Studio/shutterstock.com、94p：Sorbis/shutterstock.com

上記以外は筆者及び母・ひさこ、妹・理恵

コロナと蕎麦屋と若女将

2023 年 11 月 10 日　初版第 1 刷印刷
2023 年 11 月 20 日　初版第 1 刷発行

著　者 ——— 田村夏恵

発行者 ——— 森下紀夫

発行所 —— 論創社
　　　　　　〒 101-0051　東京都千代田区神田神保町 2-23　北井ビル
　　　　　　tel. 03（3264）5254　fax. 03（3264）5232
　　　　　　振替口座 00160-1-155266　http://www.ronso.co.jp/

ブックデザイン —— 奥定泰之

印刷・製本 —— 株式会社 丸井工文社